मनीषा कुलश्रेष्ठ

जोधपुर में जन्मी मनीषा विज्ञान में स्नातक और हिन्दी साहित्य में एम. ए., एम. फिल और कथक में विशारद हैं। वे पिछले पच्चीस सालों से लेखन के क्षेत्र में सक्रिय हैं, अब तक इनके आठ कहानी-संग्रह और पाँच उपन्यास प्रकाशित हो चुके हैं। *मल्लिका, शिगाफ़, पंचकन्या* और *स्वप्नपाश* उपन्यास राष्ट्रीय एवं वैश्विक स्तर पर सराहे और पुरस्कृत हुए हैं। इनकी कई कहानियाँ अंग्रेज़ी, रूसी सहित भारतीय भाषाओं में भी अनूदित हो चुकी हैं। विश्व हिन्दी सम्मेलन जोहान्सबर्ग में शिरकत के अलावा वे *शिगाफ़* उपन्यास का हायडलबर्ग, जर्मनी में पाठन कर चुकी हैं।

मनीषा कुलश्रेष्ठ कथा साहित्य के कई महत्त्वपूर्ण सम्मान प्राप्त कर चुकी हैं, जिनमें उल्लेखनीय हैं—राजस्थान साहित्य अकादेमी का रांगेय राघव सम्मान, वनमाली कथा सम्मान, कृष्ण प्रताप कथा सम्मान और गीतांजलि इण्डो-फ्रेंच लिटरेरी प्राइज़ 2012 ज्यूरी अवार्ड। उन्हें कृष्ण बलदेव वैद फ़ैलोशिप—2007, रज़ा फ़ैलोशिप—2013 तथा संस्कृति विभाग की सीनियर फ़ैलोशिप 2015-16 भी मिल चुकी है।

सम्प्रति : स्वतंत्र लेखन तथा इंटरनेट की पहली हिन्दी वेबसाइट 'हिन्दीनेस्ट' का वह 18 वर्षों से संपादन कर रही हैं ।

इनका संपर्क : manishakuls@gmail.com

वन्या

मनीषा कुलश्रेष्ठ

राजपाल

₹ 265

ISBN : 9789389373967

VANYA (Short stories) by Manisha Kulshreshtha

आवरण चित्र : अनुप्रिया

मुद्रक : शीतल प्रिंटर्स, दिल्ली

राजपाल एण्ड सन्ज़

1590, मदरसा रोड, कश्मीरी गेट, दिल्ली-110006

फोन : 011-23869812, 23865483, 23867791

e-mail : sales@rajpalpublishing.com

www.rajpalpublishing.com

www.facebook.com/rajpalandsons

क्रम

भूमिका

वन्या जानते हैं न, जंगल से गुज़रने वाली नदियों को कहते हैं। जहाँ उनका बहाव उन्मुक्त होता है, मगर बाधाएँ भी कम नहीं होतीं। चाहे वे बीच में पहाड़ों-चट्टानों से टकरा कर झरनों में बदल जाएँ या कहीं किसी पुल में बाँध दी जाएँ, अवरुद्ध कर दी जाएँ मगर वे प्रवाहित रहती हैं चाहे उन्हें फिर पत्थर के अंतस से होकर राह बनानी पड़े। ये सुप्त होकर फिर जागती हैं और बहती हैं। इस कथा-संकलन की कहानियाँ भी ऐसी ही स्त्रियों की हैं।

इन्हें लिखते हुए मुझे अनुभव हुआ कि आदिवासी जीवन की कथाओं को आप यूँ ही नहीं कह सकते। इसके लिए वह आदिम मुहावरा, सरल भाषाई गीतात्मकता, सजीव-मौलिक दृश्यात्मकता, थिरकन, उनकी ज़मीन के पुरखों से मिला कहन, पेड़ों और पशुओं से सखा-भाव और जंगल के लिए वह चिंता लानी होगी। मैं जन्म से आदिवासी नहीं हूँ लेकिन मेरी जिप्सी रूह जंगलों के गुणसूत्रों को लिए चली आई है कहीं से।

एक ऐतिहासिक शहर है। किले के नीचे खेलते, भामाशाह भारती स्कूल में पढ़ते हुए आँख खुलती है। भाई-बहन छेड़ते हैं...तू हमारी बहन नहीं, हम सबका नाम 'स' से तेरा 'म' से। हम सबकी आँखें बड़ी और तेरी...हहह। तुझे करोंदे बेचने वाली भीलनी से गोद लिया है। और मेरा मन भागा जाता जंगली फल टीमरू बेचने वाली उस गहरे गले और डोर बंधी कांचली पर लापरवाही से ओढ़ना डाले पेरिस फैशन शो की मॉडल्स-सी सतर चाल से गर्दन उठा कर टोकरा लिए जाती भीलनी के पीछे।

मेरा बचपन भील-गरासियों-गमेतियों-गाड़िया लोहारों को करीब से देखते बीता है। मेरे जन्म के वर्ष ही 1967 में गाड़िया-लोहारों के बच्चों के

लिए जो स्कूल चित्तौड़गढ़ में बनाया उसमें कुछ समय के लिए मेरे पिता टीचर रहे थे। वे बताते थे कितना कठिन था उन बच्चों को शिक्षा से जोड़ना। मीरा गर्ल्स कॉलेज में हमारे हॉस्टल से लगा एक आदिवासी गर्ल्स हॉस्टल था, उन लड़कियों के साथ बास्केट बॉल खेल कर और उनकी शारीरिक क्षमताओं पर हैरत होती थी और हार कर भी आनंद आता था, क्योंकि उनकी हिचक टूटती और फिर हम कंधों पर हाथ रखे चाय पी रहे होते थे।

मुझे एक भीषण आकर्षण रहा आदिवासी जीवन के प्रति, तमाम संघर्षों के बावजूद इनका बेलौस होना, जीवन और प्रकृति के प्रति घना अनुराग होना। इनका प्रेम और संबंधों के प्रति बंधनहीन दर्शन, रवायतें और आज़ादी। अस्तित्व का संकट इनके लिए इतना गहरा है फिर भी जीवटता चुकती नहीं। आदिवासी भारत में कहीं के हों, पत्रकार-पर्यटक जब भी कोई सवाल इनसे पूछेंगे पहले युवतियाँ हँसती चली जाएँगी। हँसी-हँसी के साथ परेशानी बताएँगी—भूख, अभाव, घर, स्कूल, सड़क, परिवहन, व्यवस्था का अंधापन। फिर वे कहीं हों, रेगिस्तान में या चायबागान में पत्रकार के इसरार पर खुद गा-गाकर समूह में नाचने लगेंगी। वह हँसी, वह नाच इनकी थाती है, इन्हें किसी ने नहीं धमकाया होगा—कम हँसो, यूँ मत थिरको।

संयोग ये जुटा कि चित्तौड़गढ़-उदयपुर से निकली तो शादी के बाद सीधे असम-मेघालय पहुँची। चायबागानों के बीच पहला घर बसाया। आदिवासी मेले-हाटों में भी भटकी तो चाय-बागानों के मैनेजरों की कोलोनियल ढंग की पार्टीज़ में भी गई। फिर जीवन के रास्तों में मणिपुर-मेघालय-अरुणाचल के पड़ाव भी आए। पूर्वोत्तर की अनछुई सुंदरता और उसकी बहुमुखीय समस्याओं के साथ उस असंतोष को महसूस किया। इस यात्रा में कथाएँ बहुत सी मिली हैं, कुछ लिख सकी, कुछ उपयुक्त मुहावरे की खोज में दबी रही हैं। क्योंकि इन कथाओं को आप लहरदार भाषा से नहीं सजा सकते, इन जीवन दृश्यों को तयशुदा भाषा में नहीं उकेर सकते। इनके लिए अलग कूची और रंग ही नहीं स्ट्रोक्स भी अलग चाहिए कि कथा अपनी संपूर्णता में अभिव्यक्त हो सके।

ये आदिवासी अस्मिताओं की कथाएँ किसी रूढ़ अर्थ में आदिवासी विमर्श की कथाएँ नहीं हैं, पर एक झरोखा हैं जो आपको अवसर देती हैं—इनके वांग्मय में झाँकने का। यह संकलन पाठकों को सौंपते हुए बहुत से चेहरे मेरे आगे हैं जो कह रहे हैं—और मैं!

यह किताब उन्हीं चेहरों के नाम, जो एक दिन ज़िद कर खुद को मुझसे लिखवा लेंगे।

14 नवम्बर 2023

—मनीषा कुलश्रेष्ठ

जयपुर

नर्सरी

वह एक सतरंगी गेंद थी। जो लंबे समय तक खिलौनों की अलमारी में बंद रही। जब इस सम्पन्न घर के बच्चे ने लड़खड़ा कर चलना शुरू किया तो वह नर्सरी के फ़र्श पर बिछे गुदगुदे कालीन पर लुढ़कती रही। कभी-कभी उसे बच्चे के बिस्तर में टैडी बियर और बनी रैबिट के साथ सोने का मौका भी मिला। नर्सरी, जहाँ ढेर सारे महँगे-महँगे खिलौने थे, पटरियों पर चलने वाली रेल, बोलने वाली गुड़िया, कूदने वाला बंदर था। यहाँ सुंदर चित्रों से सजी दीवारें, नेट के सुंदर, सफ़ेद झीने परदों वाली खिड़कियाँ थीं। एक नीली बुकशेल्फ़ में चित्रों वाली किताबें भी थीं। बच्चे की किलकारियाँ थीं, खेल थे, रोना-गाना था। स्वादिष्ट बिस्किट-केक-चॉकलेट्स से भरे जार थे। सोने के समय से ज़रा पहले आने वाली बच्चे की दादी थीं, जो नित नए संसारों की कहानियाँ सुनाती थीं। बच्चे की देखभाल करने वाली आदिवासी 'नैनी' थी। जिसे हिदायत थी कि वह नर्सरी में आने से पहले गरम पानी से शावर ले। बच्चे की बॉटल और सिपर कीटाणु रहित करने के लिए उबलते पानी का इस्तेमाल करे। ज़मीन पर गिरे खिलौने को साबुन और गुनगुने पानी से धोकर ही बच्चे को खेलने दे। पहले गेंद को यह नहाना भला लगा, क्योंकि अब बच्चे के साथ वह बगीचे में जाती थी। नरम घास पर लुढ़कती-फुदकती थी। सुगंधित फूलों की क्यारियों में जा गिरती। कभी अनार के पेड़ में जा अटकती। उसे दर्जनों खिलौनों भरी नर्सरी में बच्चे का पसंदीदा खिलौना होने पर नाज़ था। मगर बार-बार धोए जाने पर गेंद के रंग भी हल्के होने लगे, वह अपने उछलने की आदत के कारण बच्चे के मन में स्थायी जगह बना चुकी थी।

उस रोज़ बंगले में एक दावत थी। बंगले को लड़ियों से सजाया गया था। चारों तरफ़ फैला हरी कार्पेट ग्रास का लॉन और क्यारियों में सुरुचिपूर्ण

ढंग से लगे फूलों के पौधे, लाल कवेलुओं की छतें और टीक की रेलिंग और मार्बल से बनी सीढ़ियाँ, एक कोने में लगा नक्काशी किया झूला किसी पुरानी यूरोपियन पेंटिंग की तरह दिख रहे थे। मि. घोष जो बच्चे के पापा थे, सूट पहन कर अपने मेहमानों का स्वागत कर रहे थे। मिसिज़ घोष तो किसी रानी की तरह मालूम होती थीं। बच्चा गेंद को अपने साथ बाहर ले आया कि अपने सबसे प्यारे खिलौने से अपने साथियों के साथ खेलेगा। मगर दूसरे बच्चों ने रंग उड़ी गेंद को देख कर मुँह बिचका दिया। बच्चा देर तक गेंद हाथों में लिए रहा। फिर उसने धीरे से एक मेज़ के नीचे सरका दी और बाकी बच्चों के साथ खेल में मगन हो गया। गेंद ने पहली बार इतनी बड़ी दावत देखी थी, निश्चित ही ऐसी गहमा–गहमी पहले न हुई होगी।

शाम ढली और अचानक पश्चिमी आकाश में शुक्र–तारा अपनी पूरी ख़ूबसूरती से झिलमिला उठा। चाय बागान के संथाल स्त्री–पुरुषों की एक टोली अपनी परंपरागत पोशाक और वाद्य यंत्रों के साथ वहाँ आ पहुँची और नाच शुरू हुआ। पहले धीमा, लयबद्ध लहरों की तरह उठता–गिरता फिर तेज़ और हवा–सा सरसराता। गेंद मेज़ से कुछ बाहर निकल आई। नाचने वालों के चेहरे इन बड़े और सम्पन्न लोगों के आगे सहम कर मशीनी ढंग से मुस्कुरा रहे थे। नाच के बाद उन सबने दूर, अलग पंडाल में खाना खाया और चले गए। गेंद को बच्चा वहीं भूल कर नींद में डूब गया और नैनी की गोद में अंदर भेज दिया गया। बाकी बच्चे भी बुद्धू बक्से के आगे कार्टून देखने चले गए।

पार्टी को देर तक चलना था। कुछ लोग डांस फ्लोर पर थिरकने लगे, कुछ खाने की टेबल की तरफ़ बढ़ गए। कोई मेहमान बार के पास खड़ा धीमे स्वर में पास खड़े किसी कर्नल से कह रहा था—

''इनके रहने का अंदाज़ तो देखो। टेनिस कोर्ट, स्विमिंग पूल वाला आलीशान बंगला। नौकरों की फ़ौज और तो और नौकरों के मैनेरिज़्म में कालोनियल अनुशासन देखिए साहब। लोग गलत नहीं कहते कि चाय बागान के मैनेजर यहाँ के अघोषित सम्राट होते हैं। मालिक कोलकाता, मुम्बई जैसे शहरों में बैठे होते हैं। वे यहाँ नहीं आना चाहते, कभी आतंकवाद तो कभी कोरोना। सो जब तक मैनेजर फ़ायदा पहुँचा रहे हैं, वो वहाँ बेफ़िक्री से बैठे हैं। सिर्फ़ ज़्यादा–कम होने पर ही उनकी नज़रें टेढ़ी होती हैं। वरना उनका काम कोलकाता

में चाय-नीलामी पर नज़र रखने का होता है।''

''अपना साम्राज्य दिखाने के लिए ही ये हम जैसे लोगों को दावतें देते रहते हैं।'' कर्नल संधु ने पहलू बदलते हुए मुस्कुरा कर कहा था।

''सही कहते हैं कर्नल साहब, हम फॉरेस्ट वाले भी तो इनके इस साम्राज्य में प्यादे भर हैं। देखते नहीं, जंगल का कितना हिस्सा चाय बागानों के रकबे को बढ़ाने में चला जाता है। नियम सब ताक पर धरे रह जाते हैं।''

''आप कुछ कीजिए...''

''कुछ करने वाले यहाँ से दूर भेज दिए जाते हैं। डुआर्स का यह इलाका मेरा घर है कर्नल साहब, कभी ये जंगल इतने घने थे कि मुझे याद है सत्तर के दशक में एयरफ़ोर्स का एक मिग-21 क्रेश होकर इधर गिरा था तो महीनों नहीं मिला था। पायलट को जंगल से पैदल निकलने में तीन हफ़्ते लगे थे। उनके लोग उसे मरा हुआ समझ चुके थे। जंगल तो अब क्या बचे हैं अब तो बस ये हरा समुद्र है चाय का। चाहता हूँ बच्चे स्कूल में हैं तब तक अपने घर के पास रह लूँ।''

बच्चों से खाली हो गई बड़ों की दुनिया में गेंद अकेले पड़ी ऊबने लगी। कुछ देर बाद बड़े भी चले गए। कुछ नौकर पार्टी के बाद का बिखराव समेटते रहे। फिर एकदम सन्नाटा हो गया। वह रात भर ओस में खुले आसमान देखते हुए हवा के साथ लुढ़कती-भटकती रही। उस दिन उसे पता चला कि उसके आस-पास कितना बड़ा संसार है। ऊपर एक विशालकाय गेंद-सा ही चाँद है और जूही के फूलों जैसे खिलते सितारे हैं। वह जहाँ रह रही है, वह विशाल चाय बागान का एक बंगला है। वह टकटकी लगाए आसमान को देखती रही। आधी रात बीती होगी कि नैनी के साथ रोता हुआ बच्चा नंगे पैर ही गेंद खोजने आ गया था, पीछे-पीछे उसकी मम्मी नाइट गाउन में दौड़ी आ रही थीं।

''रघु! रघु बाबा! क्या हुआ?''

''मेली बॉल मम्मा!''

''नैनी, उसे पकड़े रखो। घास में लीचेज़ हो सकती हैं। इसकी बॉल... शायद वहाँ है, मैं लाती हूँ...'' अब तक जब भी वे नर्सरी में आईं गेंद अकसर बिस्तर या पालने के नीचे पड़ी होती थी या अलमारी में बंद होती। आज वे उस

पर झुकीं, उसे उठाया और अपने चेहरे के पास लाईं तो गेंद को उनमें से आती ताज़ा फूलों की महक भली लगी। मगर यह क्या, वे तो चीख पड़ीं...

''छिः कितनी पुरानी गेंद है यह, इसके रंग निकल रहे हैं। प्लास्टिक में दरारें आने लगी हैं। मेरा बेटा इससे खेलेगा?'' गेंद का दिल टूटता उससे पहले ही वह उठा कर उस विशाल बंगले के बाहर फेंक दी गई।

''रोने की क्या बात है? तुम्हें नई लैदर कवर वाली बढ़िया बॉल ला देंगे। लाल और चमकती हुई। अब तुम बड़े हो गए हो! जल्दी ही टेनिस खेलोगे...चलो आओ आज मेरे बेडरूम में सो जाओ।'' बच्चा भीतर जाने तक रोता रहा।

''मम्मा! मुझे वही बॉल चाहिए थी।''

अपमान से आहत और बच्चे की रुलाई से व्यथित गेंद पहले तो बंगले से लगी एक पगडंडी पर अनमनी पड़ी रही फिर सरक कर ढलान की तरफ़ जा कर रुकी। ढलान के एकदम नीचे जो मोटी धारा बहती है वह तोरसा नदी है, उधर पूरब की तरफ़ ऊपर हैं भूटान के पहाड़ जिन्हें लोग 'क्लाउड फ़ैक्ट्री' कहते हैं। एकदम सही कहते हैं। वह लोअर हिमालयन रेंज है, जहाँ दिन रात बनते बादल यहाँ घाटी में उगने वाली चाय के लिए नमी बनाए रखते हैं। गेंद नदी की कलकल साफ़ सुन पा रही थी। गेंद की सतह हवा के स्पर्श महसूस कर रही थी। उसने गहरी साँस ली कि आज नैनी, नर्सरी साफ़ रखने के बहाने उसे झपट कर अलमारी में पड़े खिलौनों के ढेर पर नहीं पटक सकेगी। जहाँ रात भर साँस घुटती है और दूसरे खिलौने एक दुष्ट चुहिया के उत्पात से डर कर भगदड़ मचाते हैं। भले ही वह एकदम अकेली है...लेकिन खुली हवा में है। बच्चे ने उसे प्यार किया और अब वह उसकी शुरुआती यादों में रहेगी—'मेरी पहली गेंद, जो सतरंगी थी।' गेंद का मन डूबता, उससे पहले उसने ऊपर देखा—आह! अपार विस्तार...ऊपर सितारे चमक रहे हैं और नीचे घाटी में...अरे! वहाँ भी सितारे? ये तो उड़ रहे हैं...क्या यही बच्चे की दादी की सुनाई कहानी के जुगनू हैं, जो अपनी दुम पर लालटेन बाँधे चलते हैं? गेंद थकी हुई थी, वह दृश्य देखते-देखते एक पत्थर पर जा टिकी।

पहाड़ियों से झाँकते सूरज की पहली किरण और एक खुशबू ने उसे जगाया। वह चाय के पौधों पर फूल आने का मौसम था जिनकी मादक और

तुर्श महक और नमी से हवा कुछ भारी-भारी थी। पेड़ों में फंसे झीने कोहरे के टुकड़े एक जादू जगा रहे थे। पूरा माहौल पंछियों के कलरव से गूँज रहा था। "यह आस-पास की दुनिया को आँखें खोल कर देखने का समय था, भटक कर ज़मीन नापने का।" यह वाक्य बच्चे की दादी की सुनाई गुलिवर की कहानियों से याद रह गया गेंद को। गेंद ने चाय-बागान के मैनेजर 'मि. घोष' के बंगले पर उचटती-सी नज़र डाली और लुढ़कने लगी।

"विदा, रघु! फिर मिलेंगे!" गेंद ढलान पर लुढ़कती हुई, नदी की धार में खुद को गिरने से बचाती, एक चट्टान पर कूद कर उस पार उछल गई। उस पार थे, अथाह हरे विस्तार, उनके बीच सरपट भागते चक्करदार रास्ते। झिलमिलाती तोरसा की धारा सूरज से लुका-छिपी खेलती-सी लग रही थी। ऊपर नीले आसमान में एक छोटा-सा काला बादल ठिठका खड़ा था, ठीक किसी स्कूली छोटे बच्चे-सा जो इस खूबसूरत नज़ारे को देख स्कूल जाना भूल गया हो।

गेंद जहाँ आकर रुकी वह बेतरतीब घने पेड़ों से भरा जंगल का टुकड़ा था। रिज़र्व फ़ॉरेस्ट का एक छोर जो प्लांटेशन के कहर से छिप कर बच गया हो। ओह! यह क्या कहानियों वाला जंगल है? लेकिन यहाँ तो जीवन का मंगल दिख रहा है। वह कीटों के उत्सवों का दिन था, पतंगे पगलाए घूम रहे थे। प्यूपा से तितली बनने का सामूहिक मेटामॉरफ़ोसिस चल रहा था। ढेरों पीली तितलियों के समूह उड़े जा रहे थे। खौंखियाहटों, गुर्राहटों, चिंचियाहटों, चिंघाड़ों, दहाड़ों, मिमियाहटों, भिनभिनाहटों, रिरियाहटों, सरसराहटों से यह जंगल भरा था...ऐसे में गुनगुन, भिनभिन, चहचह, ट्वीट टुट, पियूपियू, हिस्स कौन कितना सुन पाता है!

अब गेंद एक पगडंडी पर थी, जहाँ कुछ मटमैले से मनुष्य बैठ कर तामचीनी के बर्तनों में भोजन कर रहे थे। उनकी पीठ के बोझ बगल में ज़मीन पर रखे हुए थे। बंगले के मनुष्यों की तरह ये लोग भोजन को आनंद और आराम के साथ नहीं खा रहे थे। बस जल्दी-जल्दी निगल रहे थे क्योंकि पेट तो किसी तरह भर जाएगा। उससे ज़रूरी है पीठ पर लदी टोकरी को अधिक-से-अधिक भर लेना।

"पत्तियाँ, कुछ कम हुई हैं इस बार, कल दो घंटे ज़्यादा काम करके भी बीस किलो ही हुई मेरी।" पसीना पौंछते हुए एक दुबली औरत कुछ मिमियाते

हुए बगल वाली अधेड़ औरत से बोली, जो अपने घुटनों पर तेल लगा रही थी।

कुछ दूर पर, कुछ युवा औरतें खिलखिला रही थीं। दोपहर के भोजन का समय समाप्त होते ही महिलाएँ झाड़ियों की पांतों के अंदर चली गईं, मशीन की गति से उन्होंने अपनी कलाईयों को तेज़ी से घुमाकर चाय की एक-एक झाड़ी से उसकी कोमल, हरी, ऊपरी तीन पत्तियाँ छीन लीं। वे काम के साथ सामूहिक तौर पर गुनगुना भी रही थीं। मधुमक्खियों की गुँजार से ही होते हैं—ये झुमुर गीत।

मैंने अपना नाम किताब में लिखवा दिया है।

हे दुष्ट श्याम

मनीजर कहते हैं काम-काम

तनखा-बाबू कहता है, थोड़ा तो पास आओ,

बड़ा साहब, खाल उधेड़ने की धमकी देते हैं

हे जादूगर श्याम

तूने असम लाकर धोखा दिया

गेंद वहाँ उन लोगों के बीच बच्चों को खोजते हुए ठिठकी ही थी कि उसे लगा फिर से एक चिढ़ी हुई आँख उस पर आ टिकी है।

''ये सब क्या है? कितनी बार कहा है, बच्चे इधर नहीं आएँगे। नहीं आते तो फिर ये गंदे-संदे खिलौने यहाँ कैसे आते हैं?'' एक सूला टोप लगाए सफ़ेद कमीज़ और भूरी कॉरड्रॉय पेंट पहने हुए आदमी ने कामगारों से चिल्ला कर कहा और उसे ज़ोर की किक मारी और वह एक बाउंड्री के पार जा गिरी। तेज़ी से चलते दर्जनों हाथ एक पल को रुके, फिर चलने लगे मगर सामूहिक झुमुर गान से जागा उछाह बुझ गया।

गेंद जहाँ गिरी, बाउंड्री पार, वहाँ कुछ आदमी काम कर रहे थे। उसने दूर घास में बैठे किसी व्यक्ति को कहते सुना—''भैया यहाँ नर्सरी की ड्यूटी में थोड़ा आराम है। डेढ़ साल से हम चाय के पौधों में दवा का छिड़काव करते रहे हैं। मेरी हथेली की चमड़ी में अजीब तरह की बीमारी हो गई। उधार लेकर इलाज कराया।''

''नर्सरी!'' यह सुन कर गेंद उत्साहित हो गई ''वाह फिर तो बच्चे होंगे यहाँ।''

गेंद इधर लुढ़की-उधर लुढ़की। एक बड़ा-सा अहाता था। जहाँ एक हरा तंबू तना था, उसके नीचे प्लास्टिक बैग्स में हज़ारों छोटे-छोटे हरे पौधे थे। जो अपनी-अपनी नन्ही पत्तियों जैसे नन्हे हाथ निकाल आकाश में फैला रहे थे। एक नीले-सफ़ेद चंदोवे के नीचे दो सौ के करीब और पौधे थे, जो कुछ कुम्हलाए से थे, कुछ सूख कर लटक गए थे। इनकी कुछ अलग ही किस्म से सार-संभाल हो रही थी। हरे तंबू के नीचे बीज से और यहीं की बेहतरीन झाड़ियों से निकाली कटिंग से नए पौधे बनाए जा रहे थे। नीले एनक्लोज़र में तापमान और नमी को निर्धारित कर चीन से आयातित छोटी पत्ती वाली चाय और श्रीलंका की खास खुशबू वाली चाय के पौधों को रखा गया था। नीले एप्रन पहने कुछ युवक इन पौधों को फुहार से पानी और नाप-नाप कर खाद दे रहे थे।

वहाँ खड़ा एक सांवला हॉर्टिकल्चरिस्ट असद कुरैशी 'बीम सन हैट' लगाए और सफ़ेद बुर्राक टी-शर्ट—शॉर्ट्स पहने उन युवकों से कह रहा था—"बड़ा ही अजीब मिज़ाज होता है चाय के पौधों का। इन्हें तेज़ धूप भी चाहिये, छाया भी, नमी भी, ढेर-सी बारिश भी। उस पर तुर्रा यह कि धरती पर, जड़ में पानी जमना नहीं चाहिये, उस पर नमी भरा ये अजीब-सा वातावरण फफूंद और कीड़ों की आवभगत को तैयार रहता है। जिसे क़ाबू में रखने के लिए कैमिकल्स का छिड़काव किया जाता है। मैं जब शुरू में आया तो ये सब देख-सुनकर बदन में झुरझुरी आ गयी थी कि बाप रे! तो ये है हकीकत हम हिन्दुस्तानियों के प्रिय पेय की।"

गेंद निराश हुई कि यह भी कोई नर्सरी हुई, जहाँ बच्चे ही न हों! बस ग्रो बैग्स में मिट्टी में धँसे ये पौधे। जिनको आस-पास के इलाकों के जंगल काट कर लगाया जाएगा। गेंद का मन हुआ कि फिर से खुले जंगल में निकल चले। मगर इतनी बाधाएँ थीं बीच में। बोरियाँ, पाइप्स, मिट्टी के ढेर और फिर बड़ा-सा गेट। काश, फिर से कोई उसे एक किक लगाए या उछाल दे। तभी पास लगे सिल्वर ओक के पेड़ से एक गोल्डन लंगूर उतरा। उसने गेंद को उठाया और लेकर पेड़ पर चढ़ गया। वहाँ सबसे ऊँची टहनी पर ले जाकर सूँघा, परखा, चखने की कोशिश में कड़क प्लास्टिक का अजीब-सा स्वाद आया तो अपनी मेहनत ज़ाया हो जाने की खिसियाहट में पहले वह खौंखियाआ फिर उसे पूरे ज़ोर से फेंका। गेंद हवा में तैर कर जब धरती पर आई तो वह चाय बागान के बीचोंबीच वहाँ

गिरी जहाँ कवक और फफूंद की हरी-नीली रपटन थी। मोटे तनों वाली चाय की झाड़ियाँ पास-पास लगी थीं। छोटे-छोटे मकरंद से भरे चाय के सफ़ेद फूल खूब खिले थे। भले वे कितना ही पत्तियों में छुप जाएँ पर मधुमक्खियों की तेज़ नज़रों से नहीं बच पाते। मधुमक्खियाँ इनके तुर्श रस की दावत उड़ाने मे मग्न थीं, इनकी गुंजार इतनी सघन थी कि कुछ और सुनाई ही न दे। वहाँ रेंग रहे कुछ घोंघे गेंद को हैरत से देखने लगे। जब वह हिली न डुली तब रेंग कर पास आये और महज़ कौतुक के लिए उस पर चढ़ने की कोशिश में रपट कर रह गए। गेंद पर छोड़ गए लसलसी रेखा। गेंद वहाँ से भागी।

कुछ दूर पर उसे घिसी चप्पलों वाले कई जोड़ा पैर दिखे और ऊपर झाड़ पर जल्दी-जल्दी चलते हाथ। चाय की ताज़ा पत्तियाँ तोड़ते हुए। ये चाय बागान की स्थायी कामगार आदिवासी स्त्रियाँ थीं, कोई संथाल, कोई उरांव, कोई गोंड, मुंडा, भूमिज। जिनकी पाँच-छः पीढ़ियाँ इन बागानों में जन्मी, खपीं और मर गयीं। क्योंकि इनके हाथ पारंगत थे, चाय की ढाई पात तोड़ने में, ढाई यानि एक अधखुली पत्ती और दो खुली हुई ताज़ा पत्तियाँ। गेंद उन मेहनतकश पैरों के पास पड़ी रही। वे पैर धूल-धूसरित थे मगर उनमें गरम लहू बहता है यह बात जौंकें ज़्यादा अच्छी तरह जानती थीं, बजाय मालिकों और मनीजर साहबों के। वे उतना ही खून चूसती थीं जितने में उनका पेट भर जाता। फिर बिना अहसास दिलाए टप्प से गिर जातीं। गेंद ने तभी एक काली रस्सी सरसराती देखी, जिसमें पीले घेरे बने थे। वह उन पैरों से लगभग सटते हुए गुज़र गई। दूर कोई आदमी चीखा—''संभल कर ! इधर एक करैत साँप दिखा है। सब पैर थपथपाएँ ज़मीन पर।'' कई जोड़ी निस्पंद आँखों ने आवाज़ की दिशा में देखा और हाथ ज़रा रुक कर फिर काम में लग गए। विरासत में मिला ये डर अब आदत बन गया है। साँप क्या, तेंदुआ तक चला आता है। बस्तियों और बाज़ार हाट में हाथियों का उपद्रव भी आम बात है।

गेंद चाय के झाड़ों की भूलभुलैया में तब तक फँसी रही जब तक कि वह दौड़-दौड़ कर, थक कर, छुप कर चाय की झाड़ियों में बैठे चीतल के छौने से न जा टकराई। छौना अचकचाया और कुलाँचे मार कर भागा। गेंद उसके पैरों से उछाल खाकर, भूलभुलैया से निकल कर एक समतल जगह पर जा गिरी। वहाँ कुछ मज़दूर पीठ पर सिलिन्डर और पंप बाँधकर खुले मुँह, बिना ग्लव्स, बिना

गॉगल्स पहने तरल कीटनाशक बरत रहे थे। बरतना क्या, चाय की एक-एक पत्ती को कीटनाशक की बरसात से नहला रहे थे। भले इस हिस्से से पत्तियाँ एक अंतराल के बाद तोड़ी जाएँगी। लेकिन सारे वातावरण में एक कसैली रसायनिक गंध फैली हुई थी। कच्ची जगह पर घोंघे तो घोंघे, कुछ चिड़ियाँ मरी पड़ी थीं। गेंद तक को घुटी-घुटी लगी यहाँ की हवा। वह सरकती रही। कुछ दूर पर एक पीली-सी खंडहर इमारत थी। वहाँ कुछ आदिवासी स्त्रियाँ खड़ी थीं। कुछ ने अपनी पीठ पर बच्चे बाँध रखे थे। कुछ पेड़ के नीचे बैठ अपने बच्चों को दूध पिला रही थीं।

बिना छत वाली बोसीदा, ब्रिटिश समय में बनी यह इमारत किसी खंडहर से कम नहीं थी। किसी भी समय दीवारें टूट सकती हैं और पूरा झूला-घर कब्रिस्तान में तब्दील हो सकता था। 'मधुपुर टी एस्टेट नर्सरी'। गेंद को और क्या चाहिए, बच्चे! गेंद ने खुशी से दो टप्पे खाए...जा गिरी दूध पिला रही महिला के पास। उसने टखनों से ऊँची सूती साड़ी पहन रखी थी। जिसका रंग पहले पता नहीं क्या रहा होगा, अभी तो धूसर था। गेंद ने अपने कलेवर को देखा और मायूस हो गई कि जब वह नई थी तो उसके रंग भी कितने चमकीले थे। अब वह मटमैली, प्लास्टिक की लुढ़कती कोई चीज़ भर है। बच्चे के दूध पीने की चक-चक सुनाई दे रही थी। उसने गौर से उस महिला को देखा, वह भले ही चमकीले-साफ़, रंगीन कपड़े नहीं पहने थी, चेहरे पर कुछ चुपड़ा नहीं था, उसने बाल भी ठीक से नहीं सँवारे थे। मगर वह वास्तविक माँ थी, उसके चेहरे पर एक स्वर्गिक भाव था। वास्तविक ही सुंदर होता है। एक बार जब आप वास्तविक हो जाते हैं तो किसी हाल में बदसूरत नहीं हो सकते, सिवाय उन लोगों के जो यह मामूली बात नहीं समझते। गेंद को रघु की मम्मी याद आ गयी थी और उनकी उसके प्रति घृणा—कितनी पुरानी रंग उड़ी गेंद!

इस माँ ने भी गेंद को देखा और खुश होकर मुस्कुरा दी। जब दूध पिला कर वह बच्चे को लेकर पालना-घर की तरफ़ चली तो उसने गेंद को भी ममता से उठा लिया और बच्चे के साथ-साथ उसे भी हौले से पालना-घर के खुरदुरे फ़र्श पर छोड़ दिया। वहाँ खेल रहे दस-बारह बच्चे, जो चलना जानते थे उस पर झपटे और लड़ने लगे। वहाँ बच्चों की देखभाल करने के लिए जो लड़की नियुक्त थी, उसने सबसे गेंद ली, गेंद को प्यार से पौंछा, बच्चों को गोला बनाने

को कहा और एक खेल सिखाया। गेंद को भी बहुत दिनों बाद आनंद आया था। बच्चों के कोमल हाथ उसमें एक पुलक और एक उछाल भर देते हैं। वह उन हाथों का रंग और धूल नहीं देखती।

छोटे और दुधमुँहे बच्चे अपनी-अपनी माँ की साड़ियों से बने, बाँस पर अटके झूलों में सोए चले जा रहे थे। जब थोड़े बड़े बच्चे खेल कर थक गए तो उनको खाना दिया गया। बाँस के पत्तों पर भात और आलू का भुरता और दाल। फिर वे वहीं ताड़ के पत्तों की बनी चटाइयों पर सो गए। मच्छर उनकी कोमल त्वचा पर बैठे अपनी भूख मिटा रहे थे। उनको आदत थी, वे करवट लेते और फिर सो जाते। गेंद ने झपकी ली मगर उसकी नींद खुल गई। पालना-घर की इंचार्ज लड़की का एक दोस्त आया था, गेंद उनकी फुसफुसाहट भरी बातें सुनने लगी।

''यहाँ किसलिए आया?''

''तुझसे मिलने। जब से तू यहाँ लगी है, मुझसे मिलने का टाइम नहीं निकालती।''

''कुछ काम-धंधे पर लग तब मिलेंगे...''

''सात सौ रुपए महीने के इस बेकार काम का घमंड कर रही है? इन अधनंगे मज़दूर बच्चों में दिन खपा देती है।''

''बेकार क्या है? छोटे बच्चे तो बेचारे सोते रहते हैं। बड़े थोड़ा खेलते, थोड़ा सीखते हैं। मेरा भी टाइम पास हो जाता है और माँ का भी हाथ बँटा देती हूँ।''

''दिल्ली चलने का सोच न। मनोहर बता रहा था, दस हज़ार महीने के, रहने का कमरा, खाना-कपड़े...काम क्या? खाना बनाना, पार्लर में हाथ बँटाना, सेल्स गर्ल जैसा। मैं ड्राइवरी कर लूँगा। बागान का काम अब बेकार हो गया है। बूढ़े भूखे मर रहे हैं और जवान लोग भाग रहे हैं।''

उसे याद आया, सात महीने पहले, एक शाम, एक आदमी ने उसके घर का पीछा किया, जब वह जंगलों से जलाऊ लकड़ी इकट्ठा करके वापस आ रही थी। उसने कई बार इस तीस-पैंतीस साल के आदमी को अपने गाँव के आस-पास घूमते देखा था, लेकिन कभी उस पर अधिक ध्यान नहीं दिया, क्योंकि

उसने कभी उसे परेशान नहीं किया था। सितंबर की उस शाम, हल्की बूँदाबाँदी के बीच, सुमिता ने उस आदमी को उसके गंभीर रूप से बीमार और बिस्तर पर पड़े पिता के पास आते देखा। उसने अपना नाम मनोहर बताया था। उन्होंने तुलु ओराँव से पूछा कि क्या वह अपनी बेटी को "शोहोर" (शहर) में जाकर काम करने देना चाहेंगे। तभी उसकी माँ को चलते-फिरते स्कूल वाली दीदी की बात याद आ गई कि "लड़कियों को शोहोर ले जाकर बेच देते हैं और..."

"मनोहर का तो नाम भी मत लेना...मधुपुर बागान की तीन लड़कियाँ गायब हैं, उनके माँ-बाप परेशान हैं। चल भाग यहाँ से। मुझे अब तेरी कोई बकवास नहीं सुननी।" गेंद कुछ परेशान हो गई। चुपचाप उस पालना-घर की केयरटेकर लड़की सुमिता के पैरों के पास पड़ी रही। वह खिड़की में कोहनी टिकाए कुछ सोच रही थी। शायद सुंदर, गहरे हरे रंग के इन चाय के झाड़ों के नीचे की स्याह छाया के बारे में। एक सौ साठ साल लंबी विडंबना के बारे में जब उसकी परनानियों-परदादियों को अंदरूनी आदिवासी इलाकों से यहाँ लाया होगा, जहाँ उनका कोई नहीं था। जहाँ वे लगभग बंदी थे, जहाँ उन्हें जानबूझ कर इतने अभावों में रखा कि पुश्तें की पुश्तें अपने हाथों बस पत्तियाँ तोड़ें और इन्हीं हाथों से चार निवाले निगल कर, यही हाथ सिरहाने लगा कर फ़र्श पर सो जाएँ। लड़की अपनी सोच से बाहर निकली, जब एक कीटनाशक स्प्रे करने वाला मज़दूर पालना-घर में आया, अपनी बच्ची को लेने।

"सूरज भैया, दवा से आपके हाथ महक रहे हैं, इनको साबुन से धो लो तब ही उठाना चन्दा को। बिन माँ की बच्ची है, आप यह स्प्रे का काम छोड़ दो...खतरनाक है।"

"सुमी कितना सोचेंगे? यहाँ आकर कौन इस से बचता है? उठा न चन्दा को। इसे घर छोड़ आऊँ, इसकी दादी आ गई है।"

पिता के पुकारने पर चन्दा आँख मल कर उठी। सांवले, गोल चेहरे पर बड़ी-बड़ी काली आँखें, दूधिया हँसी और घुँघराले बालों का गुच्छा माथे पर। लड़की को चन्दा पर विशेष ममता थी। उसने गेंद अपने पाँवों के पास से उठा कर चन्दा को दे दी। वह जानती थी, इन बच्चों के लिए खिलौने कितनी दूर की चीज़ हैं। चन्दा खिलखिलाई और गेंद को छाती से लगा कर अपने पिता के साथ चल दी। गेंद ने साइकिल की सवारी की। गेंद अब काली दीवारों वाली झोंपड़ी

में थी। जहाँ गुदड़ियों का बिस्तर था। बाहर मुर्गियाँ थीं। कटहल के गाछ थे। चन्दा की पैरों की पायल की रुनझुन थी। दो बरस पहले चन्दा के जन्म के कुछ महीनों बाद ही सूरज की पत्नी लीला एक अनजान बीमारी से चल बसी थी। मज़दूर लोग कहते थे, "नन्हे बच्चों की महक से तेंदुए बौरा जाते हैं।" तेंदुए के डर से वह बच्ची को अकेला कभी न छोड़ता था। या तो अपने साथ ले जाता या फिर पालना-घर छोड़ता।

आज से बस्ती में दो दिन का कोई आदिवासी उत्सव था। फिर शाम ढली, फिर से शुक्र तारा उगा और ढम-ढम-ढिम-ढिम्म माँदल बज उठा था। नृत्य करने को उत्सुक स्त्री-पुरुष आज अपने उल्लास के लिए नाचने उठे थे। गेंद आज चन्दा की गोद में थी, बाकी बच्चे उसे छूकर देखना चाह रहे थे। मगर चन्दा ने फ्रॉक की झोली बना कर उसे दुबका लिया था। वहीं से गेंद ने देखा, आज नर्तकियों और नर्तकों की टोली के चेहरे ख़ुशी से दमक रहे थे। नृत्य के घेर-घुमे तन की थकान उतार देते हैं और मन को पंख सा हल्का कर देते हैं। फिर उन पर लगी चोटें और दर्द महसूस ही नहीं होते। देर रात तक अपना उत्सव मना कर पूरी बस्ती सोने चली गई। लौटते हुए सूरज के कंधे पर बेसुध चन्दा सो गई और नींद में हाथ ढीले हुए और गेंद घर के बाहर केलों के गाछ के पास गिर पड़ी। गेंद फिर खुले आसमान के नीचे थी। उसने एक दिन में जान लिया था कि चाय बागानों के हरे समुद्र में एक नहीं दो दुनियाँ बसती हैं और तीन नर्सरियाँ। तीसरी नर्सरी के बच्चों का वजूद चाय के पौधों से भी नीचे है। तभी सूरज बाहर आया उसने रस्सी से बच्ची के सूखते कपड़े उतार कर अंदर लिए और साथ ही गेंद को भी उठा कर भीतर ले आया। गेंद अब चन्दा के कोमल हाथों के घेरे में सुरक्षित थी और चन्दा पिता के।

यह तेंदुओं के बाहर आने का समय था।

नीला-घर

“जानती हो ईश्वर जितने द्वन्द्व आपके जीवन के कथानक में डालता है, उतने दुनिया का कोई लेखक अपनी किसी कहानी में नहीं डाल सकता। ‘ज़ीरो म्यूज़िक फ़ेस्टिवल’ में मिले वॉयलनिस्ट नाबोम चाके ने यह ज्ञान देते हुए उसे शेर्गाओं में अपने होमस्टे में आकर ठहरने का न्यौता दिया था। अपने भीतर चट्टान की तरह आ धँसे राइटर्स ब्लॉक से परेशान होकर वह तो निकली ही थी आकस्मिक मोड़ लेकर अनजान पड़ावों पर जा टिकने के लिए। वह जो घर से निकली थी, लौट कर वह वैसी ही नहीं होना चाहती थी। वह भटकाव ही क्या जो भीतर कुछ बदल न दे।

तवांग के आस-पास भटकने के बाद उसने तय कर लिया कि गौहाटी लौटते हुए वह जाएगी ‘शेर्गाओं’ बोमडिला दर्रे से कुछ दूरी पर बसा यह गाँव सोलो ट्रेवलर्स के लिए एक छोटा-मोटा स्वर्ग था। नाबोम चाके का होमस्टे ‘ब्लूमून’ एक नीली दीवारों वाला सुंदर घर था, जिसके एक ओर पहाड़ी पर सूरज उगता था और दूसरी ओर थोड़ी दूरी पर एक झरना बहता था जो नीचे तलहटी में जाकर कामेंग नदी की एक भटक आई धारा में गिरता था।

“बहुत खूबसूरत है आपका होमस्टे।”

“बहुत पुराना है।”

“आपके पिता ने बनवाया था...”

“नहीं! एक कहानी है यह घर, आपको मैंने बोला था ना, सबसे बड़ा राइटर तो गॉड ही है। उसकी लिखी कहानी का कोई एंड नहीं होता...लोग मर जाते हैं कहानी चलती रहती है। अभी आप आराम करें। कल चोस्कोरोंग झरने पर बैठ कर आपको इस घर की कहानी सुनाएँगे।”

ताज़ा कटे बाँस के प्याले में अपोंग (राइस बियर) झरने का संगीत और

मिति कथा। उसे नहीं पता नोबाम ने इस कहानी को किन शब्दों में सुनाया और उसमें डूब कर उसने किन शब्दों में सुना। इस कथा की नायिका मिति उसके मन के लूम पर जो बुनकर गई वह कथा आपके सामने है।

~

वह समय ही अलग था। मिति चाके गाँव की अन्य किशोरियों से अलग थी। उसकी रंगत चंपई साटिन-सी झलमलाती। प्रकार से खींचे गोल चेहरे पर गोल काली आँखें, ठोड़ी ऐसी कि एक कच्चा छोटा सेब रख दिया हो! कद था कि बढ़ता ही जाता, कपड़े हर छः महीने में छोटे होते जाते। वह कभी स्कूल नहीं गई थी पर उसका व्यावहारिक और प्राकृतिक ज्ञान असीमित था। जंगल के सभी वृक्षों और तमाम चिड़ियों के नाम, जंगल के रास्तों और पतली खतरनाक पगडंडियों के सटीक नक्शों का अनुमान। उसने पिता से संतरों की खेती के गुर सीखे थे तो माँ के साथ हथकरघे पर नए रंगों का प्रयोग करना...उसको बहुत प्रिय था। आखिर लूम के बिना किसी न्यिशी परिवार का आँगन नहीं सजता। शिकार उसे पसंद न था मगर बहुत ज़रूरी हो और घर में मेहमान आये हों तो मिनटों में भूरी छाती वाला तीतर मार लाती जिसे उसकी माँ कोमल बांस के टुकड़ों के साथ पका डालती। मिति को आस-पास के जंगल में मटरगश्ती करने, हम उम्र सखा-सहेलियों को जमा करके बौद्ध-मठ के पक्के फ़र्श पर पोरोक पामिन-सिनम (लगभग लंगड़ी टांग जैसा खेल) खेलना बहुत प्रिय था। बस अजनबियों से बात करने में उसे उलझन होती, पुरुष हों तो और भी।

पहले ऋतु स्राव से वह अन्य लड़कियों से कुछ ज़्यादा ही परेशान हो गई थी, जैसे किसी ने हिरणी के पैर बाँध दिए हों। उस पर माँ ने उसी बरस उसकी सगाई की बात पड़ोस के गाँव के लड़के बाईस साल के याबोम सोरा से चला दी। रस्म के लिए बसंत की प्रतीक्षा थी। सबने कहा उसे उससे अब शर्माना चाहिए। यह सब उसे नहीं आता था, बस गली में याबोम से सामना होने पर उसकी पलकें भारी हो जातीं। वह वहाँ से सरपट निकल जाती। भाग न पाने की स्थिति में वह मुँह में उँगली दबा कर उसे टुकुर-टुकुर ताकती। वह कुछ कहता तो गूंगी हो जाती। घर आकर दरवाज़े का सांकल लगा लेती और बिस्तर पर पड़ जाती। अगर कोई सहेली छेड़ती तो वह चिढ़ कर उसे ज़ोर से काट लेती और

बड़बड़ाती कि—मुझे ये बेकार बातें पसंद नहीं।

मिति कभी अपनी माँ को न समझ पाई, इसके लिए वह उन्हें माफ़ भी नहीं कर पाई। जाने क्या असुरक्षा थी कि भर पेट खाना, ठीक-ठाक ज़मीन और मेहनती पति और बेटे वाले परिवार के चलते भी उसकी माँ को पैसा महत्त्वपूर्ण लगता था। हुआ यूँ कि याबोम सोरा से सगाई की बात चलाने के छः महीने बाद ही उनके घर एक रिश्तेदार के साथ तोसिरो—मिफ्यून आया। उसने हाल ही में शेर्गाओं में संतरों के दो बगीचे खरीदे थे। वह उपहार में सिल्क का स्कार्फ़ और सेबों की पेटी लाया था। मिति की माँ को यह यकीन हो गया कि वही उसकी बेटी के लिए उपयुक्त साथी है। इसलिये किशोरी मिति की सगाई संतरों के फूलों के झरते ही, पेड़ों पर छोटे-छोटे फल आते ही तोसिरो से हो गई। मिति से किसी ने कुछ नहीं पूछा। अब वह घनी उलझन में पड़ गई थी। उसकी समझ में नहीं आया कि अब उसे लंबे-दुबले, घने बालों वाले आकर्षक-मेहनती-हँसमुख युवक याबोम को देखकर लजाना और भागना चाहिए कि नहीं? वह इस कम लंबे मगर चौड़े कंधों वाले, तांबई रंग के गंभीर चेहरे वाले तोसिरो से कहीं अच्छा दिखता है। लेकिन उसे क्या? उसकी माँ बेहतर समझती है। मिति अब भी जंगल में घूमती और सहेलियों संग खेलती। उसकी सहेलियों ने बताया याबोम गुस्से में बौखला चुका है। वह दोनों गाँवों के बीच बने शराबखाने में मिति के परिवार और तोसिरो को गालियाँ देता है। वह डर जाती।

तोसिरो से उसकी शादी होने में अभी दो हफ़्ते बचे होंगे। तोसिरो ने दिन-रात लग कर, सीमेंट की दीवारों और ढलवाँ छतों वाला एक सुंदर घर तैयार करवाना शुरू कर दिया। तय किया कि उसकी दीवारें नीली और छत सफ़ेद होगी। एक सुबह माँ धान के सीढ़ीदार खेतों में काम करने गई हुई थी। सूरज कब का सर पर चढ़ आया था, मगर मिति मच्छर और धूप से अपनी मीठी नींद बचाने के लिए तौलिया चेहरे पर डालकर आँगन के तख़्त पर सोई पड़ी थी अचानक याबोम सोरो दो ताकतवर जवानों समेत घर में घुसा और मिति को जबरन उठा कर अपने गाँव ले गया, जो पहाड़ी के दूसरे छोर पर कुछ दूर ही बसा था। वह अजनबी घर में पहुँच कर डर के मारे रोने लगी। याबोम ने उसे अपने प्रेम का वास्ता दिया, प्रेम भरे उपहार दिए। उसे मिति की माँ के लालच के बारे में समझाया। तोसिरो की खराब नीयत और छोटे कद पर ताने कसे तो

उसका रोना बन्द हो गया। याबोम ने इतनी नरमी बरती कि मिति ने स्थिति को स्वीकार कर लिया।

याबोम ने महीने भर के भीतर ही आस-पास के दोनों गाँवों को भोज देकर, कहीं से उधार लेकर मिति की माँ को वधू-मूल्य चुका कर इस अपहरण को जायज़ बना लिया। एक रोज़ जब मिति अपने घर के सामने धूप में बैठी, जंगली चूहे फंसाने की बेंत की चूहेदानी की मरम्मत कर रही थी, उसके काले और सीधे रेशमी बाल हवा में उड़ रहे थे। कुछ मुर्गियाँ उसके आस-पास चक-चक कर रही थीं, सर पर टंगा सूरज भी मानो वहीं रुक कर कुतूहल से मिति की लंबी पतली उँगलियों को चलते देख रहा था। तभी पता नहीं जानबूझकर या संयोग से तोसिरो उधर से गुज़रा। वह ठिठक कर खड़ा हो गया और उसकी नज़रें मिति के सुंदर और अनूठे चेहरे पर टिक गईं। मिति सर झुका कर अपने काम में जुटी रही, लेकिन उसका चेहरा लाल मशरूम सा सुर्ख हो गया। बेंत की खपच्चियाँ आपस में उलझतीं, उससे पहले याबोम की माँ टोकरी भर शलगम और एक बड़ी मछली लेकर चली आई।

"आज ये पका लेना बेटी, याबोम को शलगम के साथ मछली बहुत पसंद है।"

मिति ने राहत भरी सांस ली। उसे डर था कि वह कोई अटपटा सवाल न पूछ ले या हाथ ही पकड़ ले! मगर वह बूढ़ी को देख कर जल्दी-जल्दी ढलान उतर गया। दरवाज़े पर लेटा आलसी भूरा कुत्ता पहले तो तोसिरो पर भोंका फिर मछली के टुकड़ों के लालच में अंदर चला आया।

याबोम और तोसिरो अब प्रतिद्वंद्वी थे। भले कहने को वे दो अलग गाँवों में रहते हों मगर उन गाँवों में दूरी बहुत कम थी। एक घिसी हुई पहाड़ी की दो विपरीत ढलानों पर बसे गाँव, जिनकी तलहटी में एक दिशा में नदी की धार थी, एक बौद्ध मठ था तो दूसरी ओर सड़क थी, जिस पर सराय और उससे लगा शराबघर था। निचली ढलानों पर संतरों के कई बाग थे। जिनमें से दो बागों का मालिक तोसिरो था। याबोम पहले इन बागों के पुराने मालिक की मेटाडोर चलाता था। मेटाडोर अब भी थी मगर उसे कोई नहीं चलाता था। तोसिरो ने सोच लिया था कि जब फल पकेंगे तब रखेगा कोई नया ड्राइवर। फिलहाल तो याबोम से दूसरा ही हिसाब चुकाना ज़रूरी है। अवसर मिला तो उसे इतना

मारेगा कि वह खड़ा तक न हो सके। उससे पहले एक बार वह 'मिति' से मिलना चाहता था। वह बेचारी चाहती उसे थी, उठा कर याबोम ले गया। न्यिशि जनजाति में अपहरण की यह प्रथा कब की बंद हो चुकी थी, बल्कि अब तो अपराध है।

''हरामखोर लुटेरा।''

एक रोज़ शराबखाने में दोनों की भिड़न्त हो गई। तोसिरो खड़ा होकर याबोम को हिकारत से घूरने लगा। उसका चेहरा ताँबे जैसा चमक रहा था, आँखें पहले ही बहुत ही छोटी और गोल थीं। वह जब गुस्से में होता तो लाल-सुर्ख हो जातीं, लगता मानो कोई चीता झपटने के लिये तैयार हो। अपनी ओर देखने वालों को वह बुरी तरह घूरता, इसीलिये लोग उससे नज़र बचाने के लिये मुँह फेर लेते। ठीक यही याबोम ने किया तो तोसिरो बुरी तरह बौखला गया और चिल्ला कर 'हरामी लुटेरे' की उपाधि देते हुए उसने ताज़े बाँस के कटे प्याले में गट-गट अपनी अपोंग (चावल की शराब) पीकर पूरी ताकत से उसकी दिशा में प्याला फेंक कर मारा। याबोम ने सिर इधर-उधर हिला कर उसका वार असफल कर दिया। हँसकर वह एक आदिवासी गीत गुनगुनाने लगा जिसमें सुन्दर लड़कियों का वर्णन था।

अब यह अक्सर होने लगा कि तोसिरो शराब की दुकान में घुस कर एक कोने में धम्म से जा बैठता और ड्राय जिन लाने का ऑर्डर देता। तीन पैग एक के बाद एक चढ़ाता जाता। जैसे ही याबोम की झलक दिखती और इसकी छोटी-छोटी आँखों से चिंगारियाँ निकलने लगतीं, इसकी बाँह की कड़क माँसपेशियों पर बना चीते का टैटू फड़कने लगता। याबोम भी आस-पास के निठल्ले लड़कों से बात करते हुए कुछ ज़रूरत से ज़्यादा हँसता और अपने आकर्षक चेहरे पर गिर आए लंबे बालों को झटकता। उसके लड़कों जैसे इकहरे लम्बे शरीर पर यह उद्दण्डता जमती भी थी। हल्के सुरूर से उसका गोरा चेहरा गुलाबी हो जाता। अपने युवा होने का प्रदर्शन करता हुआ कोई रूमानी फ़िल्मी गीत सीटी में निकालता और साथ में हाथ से मेज़ थपथपाता रहता। तोसिरो को अपनी मुद्राओं से दर्शाता रहता, ''बड़े चले थे इस इलाके की सबसे सुंदर युवती को पाने के लिए...''

रात ढलते ही वह ज़रा ज़ोर से जाने का ऐलान करता कि 'मिति इंतज़ार

करती होगी।'' लड़के उसकी इस नाटकीय बेसब्री पर ठहाके लगाते और वह मुस्कुरा कर तोसिरो को वहीं पीछे एक कोने की टेबल पर पीता छोड़ बाहर निकल आता। तोसिरो मसालेदार भुनी मछली का आखिरी टुकड़ा खाकर बाघ की तरह हथेली चाटते हुए उठता और नल की ओर बड़बड़ाता हुआ चला जाता—''एक दिन मेरे दांव की धार लाल होकर रहेगी इस के लहू से।''

तोसिरो उस रात भी दाँत पीसता हुआ अपने नए बने घर में लौट आया। ताज़ी वार्निश की गंध उसे परेशान कर रही थी, आखिर आनन-फानन में यह घर किसके लिए बनवाया था? उन गोरी बाँहों के लिए जिनको मेरे गले में होना था। उन गौरेयों जैसे पैरों को मेरे घर में फुदकना था।

''मिति! तुझे तो मैं पाकर रहूँगा...कौन-सी तुम्हारी विधिवत शादी हुई है? वधू-मूल्य का क्या? एक बाग देकर भी देना पड़े तो दूँगा।'' वह रात भर उस घायल मिथुन (जंगली भैंसा) की तरह हुंकारता रहा, जो प्रतिद्वंद्वी से हार कर झाड़ियों में अपने घाव चाटता है। सुबह चार बजे जब सबसे पहले जागने वाली रॉबिन की टुइ टुइट शुरू हो गई तब जाकर उसकी आँख लगी।

सीमित साधन वाली नई गृहस्थी में मिति अकसर जंगली सब्ज़ियों की तलाश में पहाड़ी के पिछले अनछुए छोर तक जाया करती थी। जहाँ फ़र्न की कोमल पांतें, कुछ पीली-लाल खुंभियाँ, पेड़ों की छाल में दुबके तितलियों-पतंगों के भूरे-गूदेदार लार्वा मिल जाते...पहाड़ी जंगल इस मामले में बहुत उदार होते हैं। उस दिन उसका मन घर के कामों में ज़रा भी नहीं लग रहा था। हथकरघे पर भी मन उचटा ही रहा, फ़िरोज़ी अशर्फ़ियों वाला डिज़ाइन अधूरा ही था कि उसे याद आया, घर में शाम के खाने के लिए कुछ नहीं है। होगा भी कैसे? याबोम उसे पाकर इतना पगला गया है कि पहले भोज में सारी जमा पूंजी लगा दी फिर माँ को वधू-मूल्य में चालीस चाँदी की गिन्नियाँ दे दीं। काम छोड़ दिया। अब बस आवारागर्दी करते हुए घूमता है। अब तो संतरों के मौसम का सहारा है, जब काम मिलेगा, वह भी काम करेगी। वह घर के दरवाज़े को भिड़ा कर, अपनी बनायी बेंत की टोकरी लेकर निकली। पहाड़ी चढ़ते हुए उसे तोसिरो का नया, पक्का और चमचमाते आसमानी नीले रंग से पुता घर दिखा। उसके भीतर कुछ हलचल हुई, मगर वह चढ़ाई पर सधे कदमों से जल्दी-जल्दी डग भरने लगी। बीती रात बरसात हुई थी, बीच के समतल हिस्सों पर टिड्डियों

के क्षत-विक्षत शरीर फैले थे, खुंभियाँ सर उठाए उगी थीं झाड़ियों के नीचे, गिरे हुए पेड़ों के तनों पर। सुगंधित झाड़ियों की महक से हवा कुछ भारी हो रही थी। मेंढ़क पानी भरे गड्ढों में सामूहिक मंत्रोच्चार सा कर रहे थे। वह घास में लेट गई। ऊपर नीला आसमान था, उसे छू लेने को आतुर। उसके भीतर अनजानी कामनाएँ जन्म लेने लगीं। तभी उसे लगा पहाड़ी से ढलकती पानी की पतली धार के किनारे पर वृक्षों के झुरमुट में हल्की सरसराहट हो रही है। उसकी खोई चेतना लौट आई, वह उठ बैठी तभी उसे अपनी गर्दन पर किसी की सांस महसूस हुई। वह झटके से मुड़ी, यह तोसिरो था। उसका तांबई चेहरा उत्तेजना से चमक रहा था, साँसें बेकाबू थीं।

''मिति तुम वापस मेरे पास लौट आओ...दुगुना वधू मूल्य चुका दूँगा।'' तोसिरो हकला रहा था। उसे मन की बात कहना आता ही नहीं था। वह हकला कर रह गया, और छूने लगा, जकड़ने लगा। बेचारे ने अनाथ होने के कारण आधा जीवन चुप रहकर बिताया है या घोड़े की तरह दिन-रात काम करके।

''मूल्य-मूल्य! मैं क्या कोई भेड़ हूँ? छोड़ो मुझे...पागल हो चुके हो तुम लोग!''

''हाँ! नहीं...सुनो न! मैं...'' कह कर तोसिरो ने उसे चूमना चाहा। वह उससे छुड़ाने को हुई तो बाल बिखर गए...। अपने ऊपर ऐसा गर्म दबाव उसे अटपटा लगा। अलग होने की छटपटाहट में उसके धातु के बटनों से, हाथ में पहनी घड़ी से मिति के गालों पर खराशें आ गयीं। उसने लातें चलाईं, उसकी छाती पर मुक्के भी मगर तोसिरो बलिष्ठ था उसने एक हाथ से धकिया कर उसे धरती पर लिटा दिया, दूसरे हाथ से तोसिरो का मन तो चाहा कि खोल दे झटके से कमर में बँधे 'गाले' की गांठ! मगर उसका निर्दोष चेहरा देख कर बस उसके गालों को चूम कर, सीने में भींच कर अंततः छोड़ दिया। फ़ौरन ही वह तीर की तरह भागने लगी, उसके बाल बिखरे थे उनमें जंगली गोखरू फंसे थे, उसके गालों पर खराशों के निशान थे, जिनमें से खून छलक आया था। रास्ते में सबने पूछा, ''क्या हुआ?'' लेकिन वह रोती हुई घर में घुस गई और गुमसुम होकर अन्दर बैठी रही। याबोम को खबर मिली, वह घर लौटा उसने जैसे-तैसे करके मिति के मुँह से सच्ची बात निकलवा ली।

''तुम अचानक गयीं क्यों थीं? तुमने उसे मौका दे दिया मुझसे बदला लेने

का। सच कहो उसने कुछ और भी तो नहीं किया था न?'' ढेरों सवाल याबोम ने उसके वजूद पर उंडेल दिए थे। आखिरी बात उसने जिस स्वर में कही उससे मिति काँप गई।

''किसी हाल में यह बात कोई न जान पाए।''

लेकिन पड़ोसी भाँप गये कि कोई नया अध्याय जुड़ा है 'याबोम-मिति-तोसिरो' की कथा में। कई दिनों तक याबोम की त्यौरियाँ चढ़ी रहीं और वह अपनी जैकेट में दो फल वाली खुकरी छिपाये पागल कुत्ते की तरह तोसिरो की तलाश में इधर-उधर भागता रहा। तोसिरो गायब था। नीले घर में ताला लगा था। याबोम तलहटी वाली बार में जाता और शराब के नशे में चूर हो जाता। उसकी नज़रें लगातार दरवाज़े पर गड़ी रहतीं लेकिन महीना बीत गया तोसिरो का कहीं नामोनिशान न था। याबोम उन दिनों भले ही प्रतिशोध से भरा हुआ रहा हो पर असल में उसका मन मोम का बना था। दुश्मन का सामना वह निडर होकर करता था लेकिन प्यार भरे दो शब्द, कोई अहसान उसे मेमने की तरह निरीह बना देने के लिये पर्याप्त थे। लेकिन आपने उस पर पहला वार किया तो आप चाहे चट्टान हों तो भी वह आप को जड़ से उखाड़ कर ध्वस्त कर देगा। आजकल नशे में उससे लोग चौकन्ने रहते। लोग मांगे न मांगे वह न्याय करने पहुँच जाता। दिल में गुस्सा, पेट में तीखी देसी शराब की जलन बने ही रहते। उसकी आहट सुनते ही मिति के हाथ-पैर सुन्न हो जाते। ज़बान खुश्क! वह देर से आने का कारण भी नहीं पूछती। खाना लगाकर वह सहम कर बगल में खड़ी रहती। और तो और छूना-चूमना बंद कर चुका था वह उसे। उल्टा अक्सर उस पर खीज जाता, 'ठंडी हो गई हो। कैसे रहती हो?' एक-दो गालियाँ तक सुना देता। एक-आध बार तो वह शराब के नशे में रो पड़ा लेकिन उसे चुप कराने का साहस मिति में न था। वह जानती थी कि ऐसा करने से उसका गुस्सा फ़ौरन बारिश के बाद की कड़कती धूप में बदल जायेगा।

इन दो युवाओं के इस घातक झगड़े से दोनों गाँवों और तलहटी के शराब-घर के खुशगवार वातावरण में तल्ख़ी सी आ गयी थी। दोनों बूढ़े मुखिया कहते—इससे गाँव में आँधी के पहले की सी बोसीदा घुटन का माहौल हो गया है। क्या जाने कब हम इन दोनों में से एक के मरने की खबर सुनें, ऐसा कुछ न हो कि पुलिस गाँव में गश्त लगाए। जल्दी ही संतरों की फ़सल उतरने और मंडी

में पहुँचने का समय आएगा। तीज-त्योहार, मेले जमेंगे। ऐसे में कैसे होगा?

लेकिन संतरों के उतरने के मौसम की शुरुआत ठीक-ठाक हो गई। सब काश्तकारी में लगे थे। किसी को सिर उठाने की फ़ुरसत नहीं थी। वसन्त की सुहावनी धूप में औरतें और बच्चे बागानों में इकट्ठे हो कर नीले प्लास्टिक के कंटेनरों में संतरे तोड़ कर भरते जाते। दोपहर में सामूहिक भोज होता बागान के मालिक की ओर से। आदमी, औरतों और बच्चों की खूब चहल-पहल रहती, गिटार पर कोई संगीत छेड़ देता, कोई पारंपरिक ढोल उठा लाता, युवतियाँ थिरक उठतीं। ऐसा लगता मानो बागानों में मेला लगा हो। याबोम और मिति भी इस मेले का हिस्सा थे मगर ढलान के दो बाग संतरों से लदे उदास और निर्जन पड़े थे। आसमानी नीले घर की दीवारों पर काई और फफूंद के हल्के रेशे दिखने लगे। अहाते में खड़ी मेटाडोर सबसे खस्ताहाल थी। इस उल्लास और पैसे की कमाई के दिनों में भी याबोम के भीतर क्रोध बना रहा। रंगीन मेला मिति की व्याकुलता दूर न कर सका, न सूर्य की पहली-पहली किरणें ही छिपे हुए तोसिरो का कोई सुराग ला सकीं।

एक दिन जब यह श्रम, कमाई और आनंद का मेला ढला तो सूर्यास्त के समय आकाश कुछ रक्तरंजित सा लगा। उमस उठ रही थी। आकाश की नीली सरसता को क्षितिज से उठी धूसरता भंग कर रही थी। संतरों के पेड़ सहमे-से अपने नारंगी लट्टुओं को जलाए खड़े थे। ये लट्टू तेज़ हवा से कभी भी गिर कर फट सकते थे। लोगों ने पेड़ों के नीचे बाँस लगाने शुरू कर दिए। ज्यों ही अंधेरा बढ़ा लालटेनें जला दी गईं। हवा के स्वर जो संगीत लगते थे अब भयावह बन गये थे। जितना मनुष्य के बस में है, किया गया। फिर सब घर चले गए थे। गाँव के घर भी तो ज़्यादातर कच्चे थे। फूस, बेंत और फट्टों से बने। आधी रात को तूफ़ान उठा। तारे खो गये। तेज़ हवा से वृक्ष हिलने लगे। लालटेंने बुझ गयीं। धरती संतरों से नारंगी हो गयी। बरसात ने कहर ढा दिया। पहाड़ी का वह हिस्सा धसकने लगा जहाँ बड़ी चट्टानें और बड़े-बड़े चीड़ थे। जहाँ मिति खुंभी बटोरने जाती थी। जहाँ तोसिरो ने मिति को जबरन पकड़ा था।

तभी मिति चीख कर अपने घर से बाहर आई—"याबोम का कुछ पता नहीं! वह बागान से निकल कर बार में गया था। बार कब की बंद हुई।" बरसात रुकी तो गाँव के पुरुष बाहर आ गए। पहाड़ी के सुरक्षित हिस्से में जा खड़े हुए

जहाँ पहाड़ी का कच्चा पिछला हिस्सा अब भी धसक रहा था। तभी एक चीख सुनाई दी, जहाँ से एक छोटा झरना गिरता था। लोग उस तरफ़ भागे। लालटेन के प्रकाश में एक शरीर दिखाई दिया, फिर दूसरा उसे थामने को बढ़ा और दोनों पथरीले ढलान पर नीचे लुढ़कते चले गये।

ऊपर खड़ी औरतों का क्रंदन आरंभ हो गया। मर्द नीचे भागे। जहाँ दो निश्चल शरीर पड़े थे। दोनों एक-दूसरे को थामे थे। उनको पलटा गया। याबोम और तोसिरो! ज़रूर ये लड़ते हुए गिरे होंगे। इन दोनों को अचेतावस्था में मिति के घर उठा लाए गाँव के लड़के। पहले याबोम को होश आया, उसने चकित दृष्टि से कमरे को देखा, वह अपने घर में था। उसने युवकों के प्रति कृतज्ञता ज़ाहिर की। तोसिरो को होश उसके आधे घंटे बाद आया...उसके होंठ और माथा चोटिल थे। एक बाँह छिल गयी थी, पैर में मोच थी। पीठ पर तीखे पत्थर का लगा एक गहरा घाव था जिससे खून निकलता ही जा रहा था। वह उठा तो लड़खड़ा गया। फिर भी बोला—

"मैं ठीक हूँ, घर जा सकता हूँ।" याबोम उसकी आवाज़ सुन चौंका। मन किया कुल्हाड़ी से वार करे इस आवाज़ पर कि कभी उठे ही न! मगर उसका मोम मन उसके दिमाग पर हावी रहा।

"चुपचाप, पड़े रहो! अब तुम मेरे कैदी हो। मिति इसे जंगली मुर्गे और खुंभी का गरम सूप दो। लड़के गए हैं मोटरसाइकिल पर, अपातिनी ओझा आता होगा। खून रुक जाएगा।"

तोसिरो मन मार कर फूस के गद्दे पर लेटा रहा। उसके कठोर चेहरे को पढ़ना मुश्किल था। सोचता रहा—'इसे मारकर सुखी होने के सपने देखने वाला मैं एक घंटा पहले इसे बचाने के लिए धसकती चट्टान से कूद पड़ा था? जिसकी जान लेनी थी उसे जान दांव पर लगा कर बचा लाया? किसलिए? किसके लिए?'

तब मिति एक कोने से निकली और पति के सिरहाने पहुँची, उसे सूप दिया। फिर वह काँपते हुए तोसिरो के पास पहुँची। वह अब भी दर्द से गाफ़िल था, बहुत दबा कर भी उसके दबे जबड़ों से चीख निकल ही जाती थी। सूप में जो चुनिंदा खुंभियाँ और बूटियाँ थीं वो दर्द कम कर नींद लाने वाली थीं। उसने एक छोटे लड़के को इशारा किया कि तोसिरो को वह सूप पिला दे। बूढ़ा

अपातिनी ओझानुमा चिकित्सक भी तब तक आ गया। उसने हरे-नीले शैवालों के लेप और मदार की पत्तियाँ बाँधकर खून तो रोक दिया था। घाव गहरे थे उनको भरने में महीना लगने वाला था।

सूरज की पहली किरण ने आकर देखा, तूफ़ान तबाही मचाकर थम गया था। मिति स्टूल पर बैठी प्रार्थना पुस्तक पढ़ रही थी, कमरे में बस पन्ने पलटने की फर्र और ओंठ हिलने की बुदबुद सुनाई दे रही थी। मिति के चेहरे पर बल्ब की रोशनी पड़ रही थी। अब वह अजनबी लोगों को देख गर्दन झुका लेने वाली लड़की नहीं थी। जीवन के कठोर पाठों ने उसे और मौन मगर परिपक्व बना दिया था। याबोम ने करवट बदली, मिति को उसका चेहरा अलग लगा। थका मगर शांत। उसे भय था कि उठते ही उसका मन बदल जाएगा, वह चिड़चिड़ाएगा। तोसिरो को बद्दुआएँ देगा, उसे उठ कर अपने घर जाने को कहेगा। मगर उसने आँख खोल कर, विनय भाव से कहा ''मिति! रात भर बैठी रहीं तुम? जाकर लेट जाओ, मैं अब ठीक हूँ।''

वह बदल रहा था, उसकी आँखें शांत होकर और चमक रही थीं अपनी आत्मा के उजास से। नाश्ते के समय जब वह सूप और थोड़े गर्म चावल लेकर लौटी तो याबोम दीवार के सहारे बैठा था। तोसिरो जा चुका था। उसने कुछ नहीं पूछा। जंगल की तलहटी में घटी उस घटना के बाद से कभी मिति से याबोम ने इस नर्मी से बात नहीं की थी। वह आश्चर्य में थी। तोसिरो भी अब मिति को देख रास्ता बदल लेता। सर झुकाए रहता...। पैसे वाला होने के बावजूद गाँव के सामूहिक श्रम में हाथ बँटाता। लोगों के भरसक काम आता। मिति फिर भी आशंकित और सतर्क रहती। इन पुरुषों का क्या भरोसा? अब 'बार' में दोनों ने आपस में गालियाँ देना भी बंद कर दिया था। तोसिरो शांत भाव से उसे उपेक्षित करता वहीं याबोम कृतज्ञ था मगर उपेक्षा पाकर बगल से चुपचाप निकल जाता। मिति ऊपर से सहज रहती मगर जब हवा में वसन्त की मादकता भर जाती, बादलों के छितराने पर नीला आकाश दिखने लगता तो उसे वह जंगली दोपहर याद आ जाती। एक जोड़ा खुले आतुर होंठ उसकी गर्दन पर झुके हैं; किसी चौड़े सीने के नीचे उसकी साँसें उलझ गई हैं। वह घबरा कर अपने हाथ का काम छोड़ गहरी-गहरी साँसें लेने लगती।

लोग मधु पीकर मिति, याबोम और तोसिरो के त्रिकोणात्मक रिश्ते की

मसालेदार चर्चा करते। लोग कहते, याबोम को क्या हुआ! पहाड़ी से गिर कर उसके अहम् का गुब्बारा पिचक गया है! मगर याबोम को देखते ही तोसिरो की तनने वाली मुट्ठी निढाल कैसे हो गयी? उसकी बाँह का चीते वाला टैटू चोट से छिन्न-भिन्न हो गया है! एक युवक कहता—उस घने, सीधे बालों वाली सुंदर मिति ने कुछ तो मंत्र फूँका है दोनों के कान में, दोनों को मूर्ख बना रही है।''

एक बूढ़ा मनोविज्ञान झाड़ता—लगता है मिति माँ बनने वाली है, याबोम में ज़िम्मेदारी का भाव आ गया है। तोसिरो ने यह जान हथियार डाल दिये हैं। मुखिया का पढ़ा-लिखा बेटा कहता—''नशे में धुत्त याबोम को तोसिरो ने झरने में गिरने से, मरने से बचाया है तब से वह अपनी अकड़ छोड़, बिछ गया है। अब ज़मीन पर बिछे हुए आदमी पर कौन वार करता है?'' शराबघर में घंटों यही चर्चा चलती।

तोसिरो के बाग में संतरे तूफ़ान में बिखरने के बावजूद अब भी खूब फले हुए थे। बसंत के अंत में उसकी जेब में पर्याप्त पैसा था। फ़सल पूरी अच्छे दामों में बिकी। तूफ़ान में टूटे संतरों को भी ठीक भाव में मार्मलेड और जूस वाली कंपनियों ने खरीद लिया। गाँव के बाकी लोग भी अब आनंद मगन थे। एक शाम तोसिरो अपने देनदारों से पैसे वसूल कर लौट रहा था। उसकी जेब नोटों के दबाव से फूली जाती थी। रास्ते में वह बार पड़ती थी जिसका चपटे मुँह वाला मालिक दोरजी अपनी दहलीज़ पर बैठा मज़े में गाँजा फूँक रहा था। ढलते सूरज की लाल रोशनी में चितकबरी बटेर के चूजों का एक झुण्ड उसके पाँव के आस-पास फुदक रहा था। एक चूजे ने अभी-अभी एक कीड़ा खोज लिया था, और वह चिल्ला-चिल्ला कर सबको बता रहा था।

''हमने ताज़ी-ताज़ी अपोंग मंगवाई है।'' दोरजी ने तोसिरो को देखकर कहा।

''तुम्हें देखे तो एक जमाना गुज़र गया। आओ, देखो यह बड़ी तेज़ है।'' लेकिन तोसिरो का मन डावाँडोल नहीं हुआ। हालाँकि वह बार के दरवाज़े पर रुक गया था। ''अन्दर आ भी जाओ!'' अधेड़ दोरजी ने मनुहार के स्वर में कहा। ''पैसों को बक्से में रखने की बजाय उड़ाना भी चाहिए। वरना वो गलत रास्ते पेंदे में छेद करके उड़ जाते हैं।''

उसने नौकर को आवाज़ दी, ''काओ, तोसिरो भाई के लिये एक बोल

भर कर फ्राइड राइस ले आ। इसकी कौन सी घरवाली बैठी है जो पका कर खिलाएगी।'' तोसिरो व्यंग्य और सहानुभूति में फ़र्क नहीं कर पाता था। वह दुनियादार कम ही था। भूख के कारण वह वहीं जम गया, तीन प्याले अपोंग पीने के बाद उसे तीन पैग रम पीने में कोई झिझक न रही। रात के पहले पहर तक वह नशे की झोंक में रहा। फिर अपने लड़खड़ाते कदमों से घर जाने के लिये उठ खड़ा हुआ। पेट में खालिस शराब यूँ लग रही थी कि किसी ने आग पर तेल छिड़क दिया हो। उसकी तेज़ लपटें टाँगों से उठ कर सर की ओर बढ़ रही थीं। उसका सर घूम गया और सड़क पर लगे एक बल्ब की जगह सैकड़ों बल्ब नाचने लगे। घर के सामने पहुँचने पर उसे लगा कि याबोम उसे देख कर हँस रहा है, उसके पैसों का बैग लेकर उसे चिढ़ा रहा है।

''कितना गिरेगा, क्या-क्या छीनेगा?'' उसने हवा में प्रहार किया और खुद नीचे ज़मीन पर चित्त जा गिरा।

जब उसकी आँखें खुली तो सूरज सर तक चढ़ आया था। पथरीली सख़्त ज़मीन पर पड़े रहने से उसका सारा शरीर अकड़ गया था। वह उठ बैठा और चारों तरफ़ नज़र दौड़ाई उसे मालूम हुआ कि उसके पैसों का बैग उसकी छाती पर रखा है, खोलकर पैसे गिने सब कुछ ज्यों का त्यों। ''अजब बात है।'' उसने पिछली घटनाओं को याद करने की कोशिश की, लेकिन दोरजी की बार से निकलने के बाद की सब बातें धुंधली थीं। अगले ही दिन उनके समूह का प्रकृति देव का उत्सव था। सबकी जेबों में पैसे थे सो उत्सव उल्लास से मनाया गया। सब दरवाजों पर आर्किड की खिली टहनियाँ लटकाई गईं। दीवारों और खिड़कियों पर कागज़ के बने बंदनवार सजाये गये। सब लड़कियों ने मरून और काले धारीदार गाले के ऊपर हल्के हरे रंग की कुर्ती पहनी, चाँदी के जेवर और बालों में मोनाल पंछी के पंख खोंसे। और पुरुष जब नये कढ़ाईदार बैल्ट और जूते पहन नाचने उतरे तो उनका उत्साह देखते ही बनता था।

मिति भी सुंदर कपड़े पहने, त्यौहार के लिए लाल चावल रांध रही है। याबोम ने भी नीले रंग की नई सूती बास्कट पहनी थी, दोनों बस दिन का भोजन करके नृत्य के लिए बाहर जाने को तैयार थे। तभी तोसिरो ने दरवाज़े पर दस्तक दी। उसके हाथ में एक सुंदर कढ़ाईदार थैली में चाँदी के दस सिक्के थे और शहर से लाया बढ़िया केक, एक बोतल विदेशी रम थी।

"याबोम, उस रात क्या हुआ था? माफ़ करना मैं...।"

"मैं जानता था, तुम्हें नशे में पता तक न होगा कि कब दोरजी ने काओ की मदद से तुम्हारी जेब से नोटों का बैग निकाल लिया। मैं संयोग से उसी वक्त वहाँ पहुँचा था। उसे और उसके नौकर काओ को दो मिनट में डरा-धमका कर बैग ले लिया। तुमसे पहले तुम्हारे घर पहुँच कर इंतज़ार करता रहा। तुम लड़खड़ाते हुए बीस मिनट बाद यहाँ पहुँचे और मुझे देख हवा में हाथ हिला कर चीखते हुए कि 'कितना गिरोगे?' तुम खुद गिर गए थे। बैग को मैंने तुम्हारे सीने पर रख दिया और वहीं बैठा रहा—सुबह होने तक।"

"माफ़...माफ़ करना...शुक्रिया याबोम...क्या कहूँ।" तोसिरो से कुछ कहते न बना। बड़बड़ाता रहा..."हरामी दोरजी, उसकी बार न बंद करवा दी तो!"

"इतने तैश में मत आओ। सुनो कोई किसी से कुछ नहीं छीन सकता। भीतर आओ। तुम आज हमारे मेहमान हो।" मिति उनकी बातें सुनती हुई रसोई में चावल पका रही थी और उसके हाथ कांप रहे थे। याबोम के हँसने की आवाज़ आई—

"मिति आज हमारे घर मेहमान आए हैं। थोड़ा बढ़िया और ज़्यादा पकाना।" दूसरी पतीली में उबलती सोयाबीन की फलियां नाचने लगीं। मिति शर्माकर कोने में दुबक जाती अगर पहले वाला समय होता तो! उसने पतीली ढाँपी और बाहर चली आई। तोसिरो के सौजन्य भरे अभिवादन का जवाब पलकें उठा कर अभिवादन से दिया।

उस रोज़ बांज के उस उम्रदराज पेड़ की कोटर में 'पागा' (ग्रेट इंडियन हॉर्नबिल) के जोड़े ने तीन चमकीले अंडे दिए थे।

~

कहानी जब खत्म हुई तो देर तक मौन बना रहा। एक मौन में डूबी वह लौट आई। शाम को जब अलाव जला तो ब्लूमून में ठहरे तीन विदेशी भी बाहर चले आये। नोबोम ने वायलिन पर बाख (जर्मन संगीतज्ञ) का 'सोनाटा' डी माइनर बजाया तो वे सब झूम उठे।

"फिर तोसिरो कहाँ हैं?" उसने औचक ही पूछ लिया, नोबोम तब तक चुप रहा जब तक वह वायलिन को सहेज कर भीतर न रख कर आ गया। वह अलाव के पास रखे बेंत के काउच पर धँसी कुछ पढ़ रही थी।

"ऑगस्ट, ट्वेंटी-ट्वेंटी में मेरे बूढ़े दादा ने दादी की मौत के दिन एक नहीं दो अंतिम संस्कार किए थे। एक मिति का दूसरा तोसिरो का। इस नीले घर में ताउम्र अकेले रहने वाले तोसिरो जब दादी की मौत की खबर सुन कर भी बाहर नहीं निकले...तो लोगों को लगा उन्हें गहरा दुःख पहुँचा है। लेकिन अंतिम प्रणाम के लिए जब लोग उन्हें बुलाने पहुँचे तो वे इसी कमरे की खिड़की, जहाँ से पहाड़ी दिखती है, उसके पास वाली कुर्सी पर सर झुकाए बैठे थे,...जब दादा ने उन्हें हिलाया तो वो...। मतलब वह केवल उनका जिस्म था, वे मिति के पीछे-पीछे जा चुके थे...अपने रकीब को अकेला छोड़।"

"याबोम अब कहाँ हैं?"

"आज बौद्ध मठ के पास हैंडलूम शॉप में, जिससे तुमने यह जैकेट खरीदी थी...वही! मेरा दादा।"

'ब्लूमून' होमस्टे की नीली दीवारों पर एक लंबी, सतर, सजग मगर बूढ़ी देह उभर आई...जिसकी काँपती उँगलियों का स्पर्श लेखिका की मरून जैकेट पर छूट गया था, जिसे वह उस वक्त पहने हुए थी।

ज़मीन

सुरमन ने पूरब की तरफ़ देखा, आसमान पर जीर्ण ओढ़ने-सा एक बादल लटका था। नीम की डाल पर नुचे पंख वाला काणा कौआ भी कुछ देर काँव-काँव करके चुप हो गया। खेजड़ी में सोई कमेड़ी* ने 'बुग-डुग' की, तभी उसके भीतर दुबका डर रोज़ की तरह जगा। मानो डर ना हुआ भीतर कोई ढिबरी हो जिसे शाम ढलते ही जलाना रोज़ का काम हो। दिन भर से कमर में बँधी दराँती उसने सिरहाने रख ली। अब उसकी कमर को भी इसकी आदत पड़ गई है। यह केवल घास काटने के ही काम तो नहीं आती! आत्मरक्षा, केवल साँप-सियार-रोजिड़ों* से ही थोड़ी ना! कभी अपने तो कभी दूसरे गाँव के गंडक...। ना! कुत्ते नहीं...। बदमाश-छोरे। कुत्ते तो सुरमन के भायले (दोस्त) रक्षक ठहरे, साथ बने रहते हैं आखिर सुरमन कम काम आती है क्या उनके? अब भी सोते होंगे गुआड़* के पीछे...। बहुत सहारा है इनका।

गोधूली में चिड़ियों का कलरव कम होते ही सुरमन अपने भीतर दो-तीन इंद्रियाँ और जगा लेती थी। सुनने और सूंघने के बीच जैसा कुछ, त्वचा पर महसूस करने और धुंधलके में देखने से भी आगे का कुछ, वह कान से देखती और नाक से आहट और महक का पता पाने लगती थी। यह अतिरिक्त सजगता सांझ ढलने के बाद की असुरक्षा की थी। ज़मीन जो दादोसा के विगत पुरुषार्थ का फल और सुरमन के आगत का आश्रय है। कुछ लोगों के लिए यह चील के घोंसले से गिरी बोटी है। उसी के चलते अफ़वाह उड़ाई जाएगी, फ़ौजी के खेत में आधी रात बाल खोल कर नंगी चुड़ैलें नाचती हैं और घर पर भाटे (पत्थर) फेंकती हैं। वह जानती है यह उसका सौतेला काका डालचंद है जिसकी शह पर गाँव के शैतान छोरे ऐसा करते हैं। ठर्रा पीकर उसे रंडी और उसके दादोसा को

'डोकरा फ़ौजी' कहकर गालियाँ काढ़ेंगे। दादोसा अपनी रात की रम की खुराक लेकर या तो फ़ौजी गालियों से गाँव गुंजा देंगे या फिर खर्राटों से घर...। नींद आने तक सुरमन यह सब सुनती रहेगी...कमर में बँधी दराँती कसमसाएगी। वह अपनी समस्या केवल मुकुंदी को बता पाती थी।

"बकने दे कुत्तों को! तू क्या डरती है सुरमन? खेतों में बाल खोल कर नाचने वाली चुड़ैल से?"

"हट मैं तो खेतों में बाल फैला कर रोने वाली चुड़ैलों से दोस्ती कर लूँ, मुकु मैं तो अपने सगेवालों से डरती हूँ जो दिन में दिलासा देते हैं और रात को किवाड़ से झाँकते हैं। छोरों को भाटे फेंकने के दाम देते हैं। तू तो गाँव से चली गई, मैं अकेली छूट गई। दिन भर खेत-क्यार, रात को गुंडों का डर। बस छः महीने से हुआ है यह सब जब से पटवारी को बुलाकर दादोसा ने मेरे नाम तीनों एकड़ खेती कर दी। तब से रोज़ाना का काम है कवेलुओं पर भाटों की बरसात और गालियाँ, खड़ी फ़सल पर डाँगर हाँक देना। आते-जाते नंगी करके गाँव से निकालने की धमकी देना। मुझे दादोसा और मेरी माँ की हराम की औलाद बताना जिसके चलते मेरे बाप ने..."

"ऐसे-कैसे दादोसा के रहते?"

"यों तो दादोसा गाँव में हर हगी-मूती बात पर रायफल निकाल लेते हैं। लेकिन डालचंद को कुछ कहते उनमें महाभारत का अर्जुन उतर जाता। अपने लोग, अपना कुटुम्ब...। रात की रोटी खा कर या तो रम या तो अमल चढ़ा कर उस दुनिया में पहुँच जाते...। मैं फिर वही अकेली की अकेली और ये तीन बीघा में फैले खेत...और फ़सल! कैसी-कैसी आवाज़ें, फुसफुसाहटें। बता डर की बात है कि नहीं?"

"ब्याह कर ले!"

"कोई दिखता है तुझे आस-पास...जो थोड़ा भी सयाना हो...। सब तेरे जैसी किस्मत वाली कहाँ। तेरे को तो कब एक का परेम पूरा पड़ा—नरपत भील के माँदल बजाने पर ही रीझ गई गैली!"

नरपत के नाम से ही मुकंदी की आँखों में प्रसन्नता और चाव का

अग्निपुष्प-सा दहक जाता था। मुकुंदी ऐसी मिट्टी की बनी थी कि वह बचपन से आज तक सुरमन की किसी बात से रूठी नहीं...। ओलमे* देकर रह जाती मगर दूर कभी नहीं जाती चाहे सुरमन खूब कंटीली बात कह दे। वैसे वो साँवली मेनका थी, खूब तीखे नैन-नक्श। जो एक बार देखे पलटे बिना कैसे रहे?

"अब मैं क्या करूँ जो तुझे छोरों को पटाना नी आता। हमेशा अपना शाणापन दिखाती है। जबकि छोरों को भोली छोरियां भाती हैं। जो दिमाग न चलाती हों, बात ना काटती हों।"

"अपन तो ऐसे ही हैं भई!"

सुरमन सच में ज़िद्दी और पैनी निगाह वाली लड़की थी। देखने में कोई अप्सरा नहीं थी, मगर चेहरे पर एक गुलाबी दमक थी। लंबा कद, मज़बूत काठी, कम बोलने और माथा ऊँचा करके चलने के कारण वह घमंडी दिखती मगर मन की गहराइयों में उसे भी प्रीत-प्रेम की बातें, फ़िल्मी गीत अच्छे लगते थे। गाँव में दसवीं के आगे स्कूल होता तो वो ज़रूर आगे पढ़ती। दादोसा का बुढ़ापा और उसकी जवानी साथ ही आए। फिर खेत कौन संभालता? दादोसा ने उसे किसानी ज़रूर अच्छी तरह से पढ़ा दी थी कि पोती-दादा की यह जोड़ी तीन नगद फ़सलें उगाह लेती थी। ज़मीन पर टिकी सुरमन को दूसरी लड़कियों की भावुकता और बेवकूफ़ियों से चिढ़ थी। बस एक बार उसने दूर से देखी थी प्रेम-चिड़कली। फागण की गैर देखते हुए किसी की नज़र से उड़ कर उसकी मुंडेर पर बैठी थी, मगर पलक झपकते ही उड़ गई।

"तुझे मुबारक हो ये परेम प्रीत के नखरे।"

"हिश्ट! परेम...दोनों फोकटिए तो इस गात के पीछे।"

"तुझे समाज का डर नहीं लगता?"

"गैली! ये समाज? जो तुझे नंगी कर घर-खेत से निकालने की धमकी और आत्मा को ढाँक कर रखने की सीख देता है।"

"चल फ़ालतू बात छोड़। तू जंगल से पोई का और कमरख का पौधा लाई? मैं बगीची तैयार कर रही हूँ। शहर जाकर पौध बेचूँगी। मुझे पैसे जमा करने हैं।"

"लाई ना! नरवर ने जंगल से तेरे लिए करंज और कुंदरु भी भेजा है।

पर ये बता कि तीन बीघे की मालकन को सहर जा कर पौध बेचने की क्या ज़रूरत?''

''तू जानती नईं के दादोसा को, एक धेला नकद नी पकड़ाते, ज़मीन का टुकड़ा तोड़ के बाज़ार हाट करूँ? मैं जानना-देखना चाहती हूँ शहर। आगे तो सब मुझे ही देखना है तो जान लूँ प्रतापगढ़ की अनाज मंडी और पंचायत समिति का ठिकाणा...। छोड़ अपनी बता।''

''क्या बताऊँ, बस मज़े!'' सुरमन ने मुकुंदी को गौर से देखा।

''तुझे डर नी लगता कि कुछ हो हुवा गया तो?''

''ना! ये देख अरंडी के बीज...नरवर ने दिए और बोला—ले मुक्ति के बीज!''

''हिश्ट! पिरेम है ये?''

''तू क्या जाने!''

''परेम तो चार दिन का चांदना...बिचारा तेरा कुम्हार पति चाक घुमाता रहा और तू माही नदी से मिट्टी लाने के बहाने उस भील नरवर से...। वो आज भी हर शनिवार भौमिया जी के धोक लगाने जाता है, कि तू अछता-पछता कर वापस लौटेगी।...तू भी पक्का घर और खाता-कमाता धणी छोड़...तीर चलाने वाले, कच्ची झोपड़ी में रहने वाले आदिवासी संग जा बसी। अगले ने पंचायत बिठाने से इनकार कर दिया...इस उम्मीद में कि तू लौट आएगी। कोई और होता तो दूसरी ले आता नाते...लौट आ मुकु!''

''बहुत दया है तो तू चली जा उसके पास, तू भी तो बिन फूल का कंटीला झाड़...'' कह कर मुकुंदी ने जीभ काट ली। सुरमन के बात गड़ गई, आँख के कोर गीले हो गए।

''सोरी सुरमनी!''

''कोई नई! मैं चलूँ, दादोसा का जी आज ठीक नहीं।''

''सुन, कुछ ज़रूरत हो तो दादोसा के मोबाइल से मुझे फ़ोन कर देना। मैं नरवर को भेज दूँगी।''

''मुझे कहाँ चलाने देते हैं अपना फ़ोन? पर अब यह भी सीखूँगी।''

''पिसे इकट्ठे कर ले सावणी मेले में ले लेना। ज़रूरी चीज़ है आज के ज़माने में।''

''मेरे भी दो-चार प्रेमी होते तो दिला देते, मैं भी तेरी तरह फ़ोन में कूकती रहती...लव यू-लव यू।''

''हट! ज़्यादा कूकने वाली चिड़िया कभी घोंसला नहीं बना पाती।''

''बिना कूके भी किसका बना?''

''गलती तेरी ही है ना सुरमन...। अब भी सोच ले सुमेर...''

''देख वो बात मत छेड़...।''

दोनों सहेलियाँ एक मुहाने पर आकर दो नदियों सी विपरीत दिशा में पलट गईं। जब से भागी है मुकुंदी वो दोनों सहेलियाँ वहाँ मिलती हैं जहाँ सड़क खत्म होती है और बूढ़ी अरावली की तराई शुरू होती है। जहाँ पीली सरसों के खेत खत्म होते हैं और टेसू और सेम्मल के लाल जंगल शुरू। वहीं नरवर से भी मिलवाया था मुकुंदी ने। चेहरे से मन पढ़ने वाली सुरमन जान गई थी कि बोलता ज़्यादा है पर इंसान खरा है नरवर।

सुरमन को दूर से दादोसा की बलगम भरी लंबी खांसी सुनाई दी...उसका मन व्यथा और आशंका के बीच ठिठक गया। क्या जीवन रहा दादोसा का भी ना! जब लौट कर आए थे फ़ौज से रिटायर होकर, पूरे गाँव को खुशी हुई थी। जब वो किस्से सुनाते तो सबको लगता कि वे बाहरी दुनिया से कटे-छटे नहीं हैं। लड़के फ़ौज में जाने का सपना पालते। एक किस्सा तो आज भी दादोसा पीपल के चबूतरे के नीचे चौपड़ खेलते, लोगों के कहने से सुनाते मिल जाते हैं। वह भी इस किस्से पर खूब हँसती है...।

''लादू काका वो किस्सा सुनाओ तो नेहरू जी वाला''

''हैं छोरों कितनी बार सुनोगे वोइच किस्सा?''

''आप हर बार उसको बदल जो देते हो काका!''

''हाँ, तो भूल भी तो जाता हूँ, कितना समय बीता मैं एकदम जवान था और पहली पोस्टिंग थी दिल्ली सप्लाई कोर में। उस रोज़ हेडक्वार्टर पर मैं गार्ड ड्यूटी पर था, उधर से नेहरू जी आते दिखे, मैं राइफल तान कर बोला... ''हॉल्ट...हॉल्ट!''

"नेहरू जी तुरंत ढभग्या और घणा राजी हुआ, बोल्या—शाबाश जवान, क्या नाम, कहाँ के हो..."

मैं बोला—"सर नायक लादू सिंह, धौलाकोट गाँव, प्रतापगढ़ राजस्थान से। नेहरूजी ने मेरा कन्धा थपथपाया, बोले 'शाबाश यंग मैन बहुत अच्छी डूटी करते हो।' फिर थोड़े दिन बाद मैं केजूली छुट्टी पर गाँव आ रहा था तो जैसे ही किट लेकर गेट से निकला तो नेहरूजी ने मुझे देख लिया। तुरंत पूछा, 'भई! नायक लादू सिंह किधर जाते हो?' मैंने कहा—केजूली पर गाँव जा रहा हूँ।"

नेहरू जी बोले—"अरे मैं भी मद्रास जा रहा हूँ, आओ तुम्हें छोड़ दूँगा गाँव। और भाई नेहरूजी ने फट से मुझे हेलीकॉप्टर में बिठा लिया। मैं खिड़की से बाहर देखता आ रहा था तो मुझे उदयपुर दिख गया, मैंने कहा, 'साब ढबो* !...' मेरा गाँव आ गया। बस नेहरूजी ने मेरे को वहीं उतार दिया और मैं बस पकड़ कर आ गया।"

"गज़ब काका"

"हाँ भाई नेहरूजी तो नेहरूजी ही थे!"

~

सुरमन तो क्या जानती जो सूबेदार लादू सिंह पर बीता। उसने तो आँख ही साठ बरस के दादोसा की गोद में खोली थी। पाँच बरस पहले जब वह सोलह की हुई थी और उसे ज़िन्दगी ने पहला घाव दिया था। उस रात दो पैग रम लगा कर दादोसा ने पूरा अतीत उसके आगे पसार दिया था कि वह जान सके कि उसके जीवन के संक्षिप्त से इतिहास में कौन-सा काला धब्बा था कि हर बनती बिगड़ती चली गई।

"तब ज़िला नहीं बना था...प्रतापगढ़। बसें नहीं चलती थीं, बैलगाड़ी से तहसील भी दूर पड़ती थी...जंगल खूब घने, ज़मीन खूब उपजाऊ। अफ़ीम-डोडा उगाने पर कोई खास पाबंदी नहीं थी। मिट्टी में लगा श्रम फलता-फूलता था। ज़मीन से लोग एक साथ कई फ़सलें लेते थे। बाज़ार-हाट से दो-चार जिंस ही आते। कपड़ा, नमक और तेल। दस-ग्यारह जातियाँ गाँव में, भील-गमैती आदिवासी जंगल में। आदिवासी भी कत्था, शहद-मोम और भेड़ पालन से

संतुष्ट। देश की आज़ादी में यहाँ के आदिवासियों का भी हाथ लगा था। देश की आज़ादी के बाद तो छोटे-मोटे मन-मुटाव और रावले के रौब-दाब के बावजूद हँसता-खेलता जीवन चल रहा था। माही नदी की कल-कल के बीच बाहरी दुनिया से कटा हुआ गाँव। यहाँ से बस अफ़ीम तस्करों के हाथ बाहर जाती या कुछ बिगड़ी लीक के मेरे जैसे पागल छोरे फ़ौज में भर्ती के लिए उदयपुर से रेल पकड़ने निकलते।

''जंगल के भैरव देवता की पूजा विशेष रूप से होती थी। खास मौकों पर लोग जाग लगाते, भोपा बुलाकर फड़-कथा रात भर चलती। किसी-न-किसी आदमी या औरत के शरीर में देवता या माता आती, लोग अपने दुख-सुख कहते। छोटी-छोटी इच्छाएँ। फ़सल अच्छी हो, औलाद हो, औलाद का ब्याह हो, पशु बीमार ना हों, जंगल घास से भरे रहें। मेरे बापजी सिद्ध व्यक्ति थे। भविष्य बताते थे। मेरे जन्म पर उन्होंने ही अपने खेत के कुएँ वाला पाकड़ का पेड़ लगाया था कि मेरी पत्री से अकाल मृत्यु दोष कुछ कम हो जाए। पाकड़ मेरे से भी आगे-आगे बढ़ा। बेटा! पाकड़ बड़ा पवित्र पेड़ माना जाता। जिसके उत्तर दिशा में लगाने से बहुत से ज्योतिषीय दोष दूर होते उस पर यह कफ-पित्त दोष को भी दूर करने में रामबाण। फलों के कारण इस पर पर हज़ारों तरह के पंछी आते थे ऐसे-ऐसे रंगों के, ऐसी-ऐसी आवाज़ों वाले, मोर क्या नाचता है जो वो पंछी नाचते थे। आह! अब उनमें से ज़्यादातर नहीं दिखते। ईश्वर जाने कहाँ गए...

''बाप जी का कहा लाम पर भी सच नहीं हुआ। मैं हर लाम से सलामत लौटा। बस लगन बहुत उमर लगने पर हुआ, मैं तो करना नहीं चाहता था पर बाप जी की आखिरी इच्छा। वैसे उनकी आखिरी इच्छा दो थीं, एक उनकी समाधि पाकड़ के पेड़ के नीचे बने और मैं तेरह साल की केतकी से लगन कर लूँ। कहाँ मैं पैंतीस का अधेड़, मेरा जी नहीं मानता था। लगन हुआ, अच्छी निभी हमारी। तेरा बाप सूरज जन्मा, सोचा था अब जीवन में प्रकाश होगा। हुआ शुरू में फिर अंतहीन ग्रहण। दस एकड़ बाप जी हम तीन भाइयों, एक मैं दो सौतेले भाइयों के लिए छोड़ कर गए थे। दस अलग से मैंने ले ली। सब सामेले में खेती करते रहते, बापजी मरे। बस जैसी कि रीत जग की, सब बँट गया।

''सूरज आठवीं में था जब मैं रिटायर होकर आया। खूब पैसा मिला था, कुछ हज़ारेक क्वीन विक्टोरिया वाले कलदार भी थे। बस तभी एक भयानक

आंधी में पाकड़ के पेड़ के आधे हिस्से पर बिजली क्या गिरी मेरे लिए भी फ़रमान आता दिख गया मुझे। तेरी दादीसा का लाड़ला कब कलदारों से खेलते-खेलते पढ़ाई छोड़ जुआ खेलने लगा। एक दिन आधे कलदार उड़ गए तब मैंने उसे बेल्ट और बूट से खूब कूटा। इतना कि बीस दिन बिस्तर में पड़ा रहा। जिस रोज़ ठीक हुआ मुझे आँखों से चबाता रहा। कितना समझाया। आनन-फानन में उसका लगन किया मगर उसकी आदत आधी ज़मीन खोकर और आधे डाँगर खाकर भी नहीं छूटी। मैंने सब जगह ताले लगाए तो बाहर चोरी करने लगा। और क्या कहूँ बेटा मौका देख उसने मुझे...। छोड़ बेटा क्या कहूँ किस्मत का खेला था।''

''दादोसा मैं भी आँख-कान खुले रखती हूँ। कुछ तो अंदाज मुझे भी है। आप तो बताओ असल सच।''

''भादों की बरसती रात थी, सूरज घर में घुसते हुए बोला, 'शश...हुकुम सुनिए! ये आवाज़! लगता है कुएँ के पास कोई जंगली जिनावर है...दो बटाईदार पाटल में सोते हैं।' मुझे सोचना चाहिए था कि इस हरामखोर को बटाईदार मजूरों की क्या परवाह और आज इसकी आवाज़ इतनी नरम कैसे? मैं भीतर से 303 राइफ़ल उठा कर बाहर आया, मेरे पीछे सूरज। मैं जब कुएँ की जगत पर पहुँचा। बस! मेरी अपनी औलाद ने एक सेकंड नहीं दिया। पीठ पीछे से धक्का दिया। पीठ पीछे का घाव तो कभी लाम पर दुश्मन ने नहीं दिया। सुबह तक मैं आधे से ज़्यादा भरे कुएँ में ऊभ-चूभ होता रहा। जब बेहोशी छाने लगी तो मैं दम लगा कर चीखा जल्दी उठे बटाईदारों ने सुन लिया। पानी सीने में भरने से निमोनिया हो गया तब मिलिट्री हॉस्पिटल एक हरकारा भेजा। गाड़ी आई। तब तक पता चल गया था कि सूरज गायब है और बिंदणी* हमल से है। मैं ठीक होकर घर लौटा तो पता चला कि बिंदणी तुझे जनम देकर मर गई। अधजले पाकड़ की तरह एक दिन मैं तेरी दादी को भी खो बैठा और रह गए मैं और तू! बहुत मन किया था कि मैं तुझे तेरे नानेरे छोड़, ज़मीन बटाई पर डाल कहीं कलकत्ता-बम्बे चला जाऊँ। तू तो कौर नहीं खाती थी मेरे खिलाए बिना।'' कह कर दादोसा रोने लगे।

''बेटी मैं माफ़ कर चुका उसे, पता नहीं तेरा बाप अभी जीवता भी है कि नहीं? दुनिया से जाती हुई लाड़ी के जुड़े हाथ और बुदबुदाना मुझे आज भी याद

आता है—'इनको माफ़ कर देना'!" सुरमन ने भी यह बात अपने कंठ में नीले विष की तरह धारण कर ली। दादोसा कहते थे कि परिवार एक जंगल की तरह होते हैं, जब आप बाहर होते हैं, तब यह घने और साथ-साथ लगते हैं, जब आप अंदर होते हैं तो पता चलता है कि ये भी अपने हिस्से की ज़मीन के लिए आपस में लड़ते हैं।

अब दादोसा अस्सी के पेटे में हैं। दिमाग-दिल और देह एक साथ नहीं चलते। उन्हें अपने पैरों पर आस्था नहीं रही, लाठी टेकते हैं। पता नहीं कब कौन-सा अंग दगा दे जाए। दीमक की बांबी बढ़ती जा रही है। जाने किस अंधड़ में यह पुराना पाकड़ ढह जाए। चिंता में डूबी सुरमन दादोसा को अदरक और हल्दी डला दूध देकर ऊपरी मंज़िल की छत पर चली आई। हर तरफ़ चाँदनी बिखरी थी। चौतरफ़ा खेतों के उत्तरी कोने में बना यह आधा पक्का और आधा कच्चा दुमंज़िला घर अब एक जेल लगता था। उसे घुटन होती, कुर्ता कस जाता। अजीब सपने दिखते ऐसे कि जिनको किसी को बता नहीं सकती थी। जो उसमें एक उबाल भर जाते...इन सपनों की दुनिया से होकर उसने उमर का बाइसवाँ साल पूरा किया था। लगन-लगन करते दादोसा तक अब भूलने लगे हैं यह चिंता...वह बस लगन के नाम पर तैश से भरी है।

रिश्ते उसके भी आए...। सोलहवें बरस में लगते ही एक जगह लग्न लगभग पक्का हो गया था। दोनों एक-दूजे पर रीझे भी। उस दिन होली की गैर (लोकनृत्य) हुई थी, सुमेर भी नाच रहा था। फ़ौजी कट बाल, जींस की पैंट में बहुत जँच रहा था। एनुअल लीव पर आया था। उसे लगा लग्न करके ही जाएगा। लेकिन पता नहीं किसने वो बरसों पुरानी बात उनके घर पहुँचा दी। लग्न होने से पहले टूट गया। पितृ हंता सूरज की बेटी को फिर दूजवर के रिश्ते ही आए। प्रीत है कोई पान तो नहीं कि किसी का फेरा हुआ भी खा लो। अब उसे ब्याव करना ही च नई! पैसे जमा करने हैं।

सोने के पहले ही उसने फ़ैसला कर लिया था कि उसे जेब में नकद चाहिए। इसके लिए वह पौध बेचने पास के शहर जाएगी। सुबह उठी तो देखा छाछ राबड़ी जीम के दादोसा, बुवाई के पुराने बीजों को छाँट कर अलग कर रहे थे, यह काम उनका प्रिय काम है। इसमें उनका आधा दिन लग जाएगा तब तक

तो वह लौट आएगी। उसने मोठ की दाल बनाई और बाजरे के रोट सेंक कर रख दिए। सकोरों में उसने सब्ज़ियों की पौध रखी, काली पॉलीथीन थैलियों में फूलों और फलों के छोटे पेड़ रख टोकरी भर ली। उसने केशव हलवाहे को कहा दादोसा से कहना कि मैं हाट जा रही हूँ। खेत से सड़क पास ही थी, हर घंटे पर शहर के लिए बसें चलतीं, कुल चालीस मिनट का रास्ता।

दशक भर पहले ही ज़िला बने इस कस्बेनुमा शहर के नए बस स्टैंड से नई कॉलोनियाँ लगी ही हुई थीं। एक से एक बंगले एक सीध में बने हुए थे। संकर नस्ल के पेड़-पौधों से सजे हुए बगीचों के लिए कौन गेंदे और देसी गुलाब लेता? सपाट बिना पेड़ों वाली, बिना प्याऊ वाली सड़क पर चलते-चलते उसे बेहद थकान और ऊब हुई।

उसकी उचाट-सी निगाह सड़क किनारे बने नए दुमंज़िले मकान की खिड़की में बैठी एक औरत पर जा टिकी। पूगल की पद्मण जैसा सुनहरा रूप! वह हाथ में किताब लिए एक शून्य को ताक रही थी। जबकि खिड़की के छज्जे पर कबूतर का जोड़ा चोंच लड़ाता हुआ हुमक रहा था। वह जिस तरह से एक बोतल की तरह अपने आप में बंद थी, सुरमन ने दो बार सोचा, आवाज़ लगाने से पहले।

"ओ मैडम जी, पौधे लाई हूँ...। गुलाब, मोगरा, हजारी गेंदा...। फल के भी हैं। जामफल, देसी अनार, करोंदा, मीठा नीम...मैडम जी आपके घर के आगे ये खाली जगह भर जाएगी। मेरी बोहनी हो जाएगी...।" वह औरत कुछ देर अनमनी उसे देखती रही। फिर खिड़की से गायब हो गई, एक तयशुदा समय तक सुरमन ने इंतज़ार किया। फिर टोकरी कमर से टिका आगे बढ़ी। कुछ कदम चली ही थी कि एक मदालस, मीठी मगर गहरी आवाज़ सुनाई दी—"सुनो, दिखाओ ना पौधे...।"

सुरमन पलटी और अब वो दोनों आमने-सामने थीं। वह सादगी के ठाठे मारते समंदर में एक रोशनी की मीनार-सी थी। लंबी और उदास। हरे-हरे ताज़ा पौधों को देख उसके चेहरे की उदासी कुछ मिटी...।

"मैडम जी, मेरे मोगरे के पौधे भले शहरी मोटे फूलों वाले मोगरों जैसे न हों पर पक्के मोतिया हैं, भरे जेठ में भी सैंकड़ों कलियों से भर जाते हैं। भले

इनका फूल एक रात चले पर इसकी खुस्बू तीन घर छोड़ कर भी चौथे घर पहुँच जाए।''

''अच्छा मोगरा न भाए तो ये पोई ले लो न! इसमें फूल तो नहीं आते मगर लाल–लाल फल आते हैं। बेल बहोत सुंदर लगती है मैडम जी। इसके फलों से रस निकलता है, आलता जैसा। हम बचपन में इससे माँड लेते थे।

''तुम्हारा नाम क्या है?''

''सुरमन''

''सुरीला नाम है...। पढ़ाई की?''

''दसवीं पास हूँ मैडम जी।'' सुरमन ने गर्व से कहा।

'' *कनुप्रिया* पुस्तक पढ़ी है...। हिन्दी कविता की किताब...''

''नहीं मैडम जी...बस पास हो गये, कुंजी पढ़ कर।''

''छोड़ो जाने दो...''

''तो भी क्या, बताओ न मैडम...''

''उसमें इसी पोई की लतर का ज़िक्र था कि कृष्ण जंगल में उगी पोई की लतर के फूलों के रस से राधा के पैरों में आलता लगाते थे।''

''हैं! सांची...! ये तो भजन जैसी बात हो गयी...''

''भजन ही मान लो...। तुम्हें आते हैं राधा–कृष्ण के भजन?''

''मेरे दादा वैष्णव संगत करते हैं...उनको आते हैं।'' तभी उसे समय की याद आई...

''लोगे आप पौधे कि...'' वह निराशा से समेटने लगी काली पन्नियों में मिट्टी थामे गुलाब, मोगरा के पौधे और कुल्हड़ों में लगी गेंदा, टमाटर, मिर्ची, गोभी, मूली की पौध।''

वह कुछ गर्भक्लांति और मीठी उदासी के झीने पर्दे से बाहर आई।

''सुनो तुम अगर इन्हें लगा भी जाओ तो मेरे लिए अच्छा रहेगा। मेरे पास माली नहीं है।''

''लगा दूँगी...मेरे हाथ के पौधे बहुत फलते हैं। मेरे मानो तो अमरूद भी लगवा लो। आपके बालक खाएँगे।''

''बालक! मुझे नहीं पसंद कि बच्चे मेरे घर अमरूद के लिए पत्थर फेंकें। बस तुम मोगरा और गेंदा उधर लगा दो। पोई की लतर खिड़की के नीचे।''

पत्थर तो होते ही हैं फले हुए गाछ की किस्मत में! सुरमन ने गहरी साँस ले थैले से खुरपी निकाली और बहुत प्यार से पौधे रोप दिए। मुँह-माँगे दाम तो मिले ही, वसुधा ने रोपने के भी पचास रुपए बढ़ाए तो सुरमन हिचकने लगी।

''ले लो, मेहनत की है तुमने। अगली बार आओ तो मेरे लिए चमेली की बेल लेती आना।''

''मैडम जी, पहली बार इधर आई हूँ पौधे लेकर। ये बिके तभी आऊँगी न दुबारा। बस लेकर गाँव से आना...''

''बिक जाएँगे। तुम कितने सस्ते भी बेच रही हो, सुनो वह चौथा घर है ना वो लोग बागवानी के बहुत शौकीन हैं।''

''ठीक,आपके लिए अगली बार अपने खेत के आंवले लेती आऊँगी।'' सुरमन से वसुधा को गौर से देखकर कहा। वसुधा ने पेट के उभार को बंधेज के हरे दुपट्टे से ढक लिया।

~

सुरमन जब लौटी तो उसके पास पाँच सौ रुपए थे और भीतर महसूस होती एक ताकत थी। दोपहर बीत चुकी थी मगर लगता है दादोसा को खाने की फ़ुरसत ही नहीं मिली। उसने मोठ की दाल गरम की और थाली परोस कर खेत में बने कच्चे गोदाम में दादोसा को बुलाने पहुँची। दादोसा पगड़ी उतार कर, एक गोल टंकी खोल कर बहुत सारे यूरिया के खाली बोरों के मुँह बाँध रहे थे, किशन पहले से लिखी पर्चियाँ उन पर चिपका रहा था।

''आता हूँ बस हो गया। इधर आ देख और समझ, ये हमारे पुरखों के छोड़े बीज हैं, इनमें से कुछ पाँच साल बाद भी उग जाते हैं, कुछ साल भर में ना उगाने पर खतम हो जाएँगे। ये मेरे हाथ की लिस्ट है और ये डब्बों में नंबरवार बीज हैं। चाहे कितने नए बीज उगाना मगर ये पुराने बीज उगते रहने चाहिए। वो सलेटी डब्बे में ऐसी मीठी मक्का है जो दो सौ साल से हमारे खेत में ही उगती

है, इसकी गुड़ राब खा ली तो रबड़ी भूल जाएगी। इसमें पौष्टिक बाजरा का बीज जो चार साल तक भी रखकर उगाया जा सकता है। कुपोषण वाले बच्चे या गर्भवती औरत खा ले तो दो दिन में तंदुरुस्त। चना, मूंग, सरसों, तिल, सबके बीज अपने हैं। ये डायरी है। इसमें सब लिखा है। याद रख सुरमन, एक बीज में एक सृष्टि बसती है। एक भी नस्ल नष्ट ना हो।'' अपने दादा की अनमोल विरासत, पुरानी, घिस चुके लैदर कवर वाली उस डायरी को सुरमन उठा कर सीने से सटा कर सोचने लगी, 'बीज तो वह अवेर लेगी मगर उनके खेत तो डालचंद के हाथ से बच जाएँ। वह इन खेतों के लिए किसी हद तक जा सकता है।' दादोसा ने खाना खाकर खाट के नीचे कांसे की थाली सरका दी और अपनी सफ़ेद मूँछों को पोंछने लगे।

''दादोसा, आप डालचंद की पुलिस में शिकायत क्यों नहीं करते? कितना बरदाश्त करें?''

''उसका बाप मेरा सौतेला भाई है, मैंने उस घर के मरण-परण में जाना छोड़ दिया। पटवारी और पंचों को ताकीद की, उसके बाप को धमकाया अब और क्या करूँ। अपनी ज़मीन तेरे नाम की है थोड़े दिन तो छाती सुलगेगी ना! कुछ दिन उत्पात मचा कर चुप हो जाएँगे। उंदरे (चूहा) के जायड़े तो बिल ही खोदेंगे।''

''मुझे तो डर लगता है दादोसा!''

''तू मानती कब है। वरना तेरे डर का उपाय तो तेरा उससे लगन ही है।''

''ले-दे कर आपको वो लँगड़ा ही दिखता है?''

''तुझे लंगड़ा लगेगा ही। मेरी नज़र में वह जाँबाज़ सिपाही है, गोली खाई है उसने...''

''दादोसा! तो फिर इस आपके जाँबाज़ ने अपने माँ-बाप के कहने से गोली लगने से पहले मेरा रिश्ता क्यों फेरा?'' सुरमन अब सुमेर का नाम सुनते ही दादोसा के खेत में लगने वाली 'पूसा ज्वाला' नस्ल की मिर्च हो जाती है।

''दादोसा! क्या इसी भरोसे ज़मीन मेरे नाम की? क्या केवल मर्द ही जोत सकते हैं ज़मीन?'' पता नहीं दादोसा ने सुना या अनसुना कर दिया वे अपनी डायरी में पुरानी बोसीदा कलम से कुछ लिख रहे थे। सुरमन की जेब के पाँच

सौ रुपए उसकी रीढ़ में जा जमे थे। वह थोड़ा और तन गयी थी।

''मैं अगले सोमवार फिर शहर जाऊँगी।''

~

''मेरी चमेली लाई सुरमन?'' उसे देख वसुधा खिड़की से चहकी। जब वह सामने जा बैठी तो सुरमन ने गौर किया कि उभार अब बड़ा है और इस बार उदासी एक उनियार* में बदल गई थी। यूँ भी तीसरे महीने बाद औरतें भीतर से केसर क्यारी बन जाती हैं। सुरमन फुसफुसाई—''पूगल की पद्मण!''

''क्या?''

''मेरे दादोसा कहानी सुनाते हैं पूगल की पद्मण की। आप वैसे ही फूटरे दिखते हो। नज़र उतरवा लेना जीजी! सॉरी! मैडम जी।''

''सॉरी क्यों? जिसके हाथ से लगे पौधे झटपट बढ़ जाएँ उसकी नज़र लगेगी? देख तेरी लगाई पोई...खिड़की पर लूम-झूम रही है। ये मैडम मुझे भी अटपटा लगता है। जीजी ठीक है। क्या बात है सुरमन, आज तू कम पौधे लाई, तेरा मन फिर गया क्या पौधे बेचने से? बिकते नहीं क्या?''

''बिकते हैं जीजी, पिछली बार खाली टोकरी लेकर घर पहुँची थी। आज पहले वो चौथे घर वालों के होकर आई हूँ। उन्होंने कमरख, करंज, लाल-सफ़ेद करोंदे मँगाए थे।''

चमेली की बेल रोप कर गीले हाथ पौंछते हुए सुरमन ने झिझकते हुए कहा।

''इस बार मैं एक-दूसरे कारण से भी आई हूँ जीजी। आप लोग पढ़े-लिखे, कानून जानने वाले, मुझे आप से सलाह चाहिए। फ़ौज में सूबेदार रहे मेरे दादोसा ने अपनी खरीदी तीन एकड़ ज़मीन मेरे नाम की है, उनके सौतेले भाई का लड़का उसमें से अपना हक माँग रहा है जो कि जायज़ नहीं। रोज़ मेरे घर पर भाटे फिंकवाता है, मुझे उठवाने की धमकी, गुंडों से बलात्कार करवाने की... दादोसा को खदेड़ कर बेदखल करने की धमकी कि वह ज़मीन उनके पुरखों की है।'' सुरमन ने पूरी स्थिति वसुधा को बता दी।

''मैं तुझे सलाह दूँगी कि तू सबसे पहले फ़ोन खरीद, फिर पट्टे–वसीयत की कॉपी कराकर किसी भरोसेमंद आदमी के पास रख। मेरे पति के दोस्त अपने ज़िला हैडक्वार्टर में पुलिस अफ़सर तैनात हैं। ये तो वकील हैं ही। मैं आज ही उनको भी बोलती हूँ।''

''ऐसी बातें बताकर आपका जी भी खराब किया, सॉरी!''

''सुरमन, तेरे बहाने पौधों से लगाव हुआ और ना केवल इस घर का कोना, मेरे मन का भी कोना हरा–भरा हो गया। तेरे कारण एक बात और समझ आई कि बीज और पौध कहीं से भी आकर लगें, होती तो धरती ही हरियाली है ना!...जब मैं इन पौधों को रोज़ सींच कर इनसे मोह पाल बैठी हूँ तो...फिर!'' कह कर वसुधा ने उसका हाथ थाम लिया।

''वाह मज़बूत हाथ हैं तेरे तो।''

''दीदी रोज़ का दराँत और फावड़ा चलाना।''

''फिर कैसे कोई इनसे कुछ भी छीन सकता है? तेरे पास तो माँ काली के हथियार...''

''किरपा रहे माँ अम्बे की, लेकिन आप वकील साब से बात करना...''

''वो मैं करूँगी। सुन आज थोड़ा ठहर, अंदर बैठ कर मेरे साथ चाय पी।''

वसुधा सुरमन को बैठक में ले गयी। जहाँ सादगी में भी सम्पन्नता झलक रही थी। वसुधा का बनाया केक सुरमन संकोच में कुतर रही थी। उसके मन में बहुत से विचार घमासान मचाए थे। क्या ये सच में सहायता करेगी, पुलिस की बात से काका–बाबा के रिश्तों में बैर की खाई तो नहीं खुद जाएगी दादोसा क्या बोलेंगे? लेकिन चारा भी क्या है अब? किसी दिन डालचंद के गुंडों ने उसे... दादोसा को...! उसकी पेशानी परेशानी भरी लकीरों से भर गयी।

''जीजी, गाँव के लोग कहते हैं कि अकेली औरत यानि गाँव का तालाब... या गन्ने का लावारिस खेत होती है। और मुझे पता है कि अब मेरे दादोसा की बेला आती ही होगी।'' सुरमन रुआँसा हो गई।

''क्या फ़ालतू बात है। तुम दोनों में से कुछ नहीं हो। तुम खुद की वारिस हो और यह ज़मीन तुम्हारी शक्ति है। वसुधा के ऐसा कहने पर उसके चेहरे पर बड़ा सा गुलाब का फूल खिला।

"बच्चा कब होगा?" सुरमन ने झिझकते हुए पूछा।

"पता नहीं! मेरा बस चले तो इसे भीतर ही रहने दूँ। मुझे नहीं लगता कि यह दुनिया इसके लिए उतनी अच्छी रह पाएगी?"

"यह तो माता-पिता का काम है। बच्चे को उसके मन की दुनिया देना।"

"पिता! यह बच्चा वैसे नहीं हुआ है जैसे तुम सोच रही हो। यह वैसे ही है जैसे कि तुम अपने खेत के लिए अपने बीज खराब हो जाने पर किसी और के बीज लो...और बिना छुए मशीन से रोप दो।"

"बाप रे! ऐसा भी होता है?"

"हाँ! सुरमन हम औरतें कहाँ हैं रे! ज़मीनें हैं...तुझे नहीं लगता?"

वसुधा के वजूद में कौंध गया वह दिन, जिस दिन वह लड़की से ज़मीन बन गई थी।

"सुनिये गौतम! हमने यह टेस्ट तुम्हें ग्लानि में डालने के लिए नहीं किया था। यह तय करने के लिए करवाया था...खैर, जाने दो। मुझे तो अपने ऊपर ही शक था। खैर, ज़रूरी है सब बच्चा पैदा करें? हम खुश तो हैं। जब हम बच्चा पैदा नहीं कर सकते तो कृत्रिम तरीका क्यों। क्या इस देश की जनसंख्या काफ़ी नहीं? क्या यह प्रकृति की इच्छा नहीं? मुझे किसी अजनबी डोनर के स्पर्म से माँ नहीं बनना! मुझे तुमसे प्रेम है। बहुत है तो गोद ले लेते हैं न! अब मैं सिविल सर्विसेज की मेन्स की तैयारी भी कर लूँगी।"

"नहीं! अम्मां ने तय कर लिया है, इतना बड़ा बिज़नेस...और मैं भी इकलौता!"

"दीदी के बच्चे हैं न, बेटा भी है।"

"हम बहस बंद करें। कल गायनाकोलोजिस्ट के यहाँ चलना है।"

सुरमन इस बातचीत से घबरा कर अपना सामान समेटने लगी।

"सही कहती हैं जीजी, हम ज़मीनें हैं। हमारा बचना ज़रूरी है।"

"जानती है, शुरू में यह अपनी धरती अकेली थी। अपने अकेलेपन से तंग होकर उसने किसी और की रचना की ताकि वह किसी से बात कर सके। उसने दो प्राणी बनाए। मगर उन दो प्राणियों ने प्रेम करके तीसरा इंसान बना कर

रख दिया। तब से हम करोड़ों में बढ़ते चले गए और धरती फिर अकेली की अकेली और...''

''आप अकेली क्यों रहोगी...मुझे क्या लगता है कि हम दोनों से तो मुकुंदी सही रही।''

''कौन मुकुंदी?''

''कन्या विद्यालय से मेरी एक ही सहेली है। उसकी शादी एक खाते-पीते कुम्हार से हुई थी। उसे अच्छा रखता था, मगर फिर एक आदिवासी मेले में उसका मन एक आदिवासी लड़के के साथ जुड़ गया। तो उसके साथ भाग गई। अब माही नदी के किनारे के जंगलों में मस्त रहती है। हर शुक्रवार गाँव की हाट के बहाने मुझसे मिलने आती है।''

''तुमने वह जंगल देखा है?''

''एक बार मुकंदी मुझे ले गई थी, क्योंकि मुझे आदमी चीर दे ऐसी दराँती की दरकार थी। ऐसी दंराती भील बनाते हैं। मुकुंदी का नया पति नरवर बहुत होशियार है। कभी चलना जंगल देखने, बहुत घने और सुंदर...। वो मुकुंदी...''

''तू और तेरी मुकुंदी की कथा! तू भी न, अभी कहाँ चल सकूँगी।''

''बालक हो जाए तब चलना, बालक होगा तो मैं यहाँ एक बेलपत्र का पेड़ लगाऊँगी।''

''बेटी हुई तो...''

''तो चम्पा का!''

~

सुरमन तो मुकुंदी और जंगल की कथा बाँच कर चली गयी मगर वसुधा के मन को ऊहापोह की झाड़ियों में फँसा छोड़ गई।

''ये आजकल किन लोगों को बुलाकर बैठक में लाने लगी हो?'' देर से सोकर उठे जनमेजय ने जिस तरह खीज कर पूछा वह वसुधा को नागवार गुज़रा लेकिन अब आदत हो गयी है टाल जाने की।

''वह मेरी सहेली है। और वो गाँव के इज़्ज़तदार मेहनतकश लोग हैं।''

वसुधा ने भी अपने टोन में पिसा कांच लेप दिया।

''वो सब ठीक है, ज़्यादा अंदर लाना ठीक नहीं।'' जनमेजय पास बैठते हुए नरमी से बोला। वसुधा नरमी की वजह जान गयी कि फ़िलहाल वह उर्वर ज़मीन है।

''तुम समझते क्या हो यार? वह तीन बीघा ज़मीन अकेले संभाल रही है और रिश्तेदार उसे तरह-तरह की धमकियाँ देकर बेदखल करने पर तुले हैं... सुनो! हमें उसकी सहायता करनी चाहिए। तुम शांतनु से कहो न!''

''अकेली है तो कोर्ट के चक्कर में न पड़े। बाकि उसके गाँव के थाने में कहलवाने से काम हो ही जाएगा। तुमको अब तनाव नहीं लेना चाहिए। अपना और किसी और का भी।''

~

बूढ़ी अरावली की पहाड़ियों के पार से रोज़ सूरज आता रहा-जाता रहा। सर्दियों की शुरुआत में वसुधा ने सोनचंपा जैसी बेटी को जन्म दिया। बेटी ऐसी रूपवान कि वकील साहब के परिवार में बेटा ना होने का असंतोष थोड़े दिन ही टिक सका। सुरमन ने पौधे बेच-बेच कर पैसे जमा करके मोबाईल फ़ोन खरीद लिया। जनमेजय ने धौलाकोट के थाने में डालचंद को धमकाने के लिए कहलवा दिया था। तुरंत असर भी हुआ। सुरमन ने चैन की साँस ली। वह निश्‍चिंत होकर खेत सँभालने लगी थी। शहर जाकर दादोसा को छाती के डॉक्टर को भी दिखा लाई थी। आजकल सुमेर सिंह दादोसा से मिलने आता तो वह चाय भिजवा देती थी। सब अच्छा चलता रहता तो वह आगे सोचती। मुकुन्दी की सलाह मान कर।

''सब बात छोड़, दिन के आखिर में तेरा किसी से बात करने का मन नहीं होता?''

''होता है वही समय काटे नहीं कटता।''

~

दादोसा ने शायद इसी निश्चिंतता में सोते-सोते चले जाने का सोच लिया था...एक सुबह सुरमन उठी तो दादोसा ड्योढ़ी पर उलटे गिरे मिले। देह से प्राण निकल गये थे। उसे ऐसे में सुमेर का होना ही याद आया। वह नकली पैर लगाए बिना, बैसाखी लिए चला आया, अंतिम कारज का सब इंतज़ाम सँभाल लिया। एक फ़ौजी का अंतिम संस्कार था, फ़ौजी की तरह हुआ। उनके हज़ारों किस्से, उनके अनुभव उनके साथ अग्नि के हवाले हुए। जब एक बूढ़ा मरता है तो उसके साथ अनकही महागाथाओं और अनुभव का संग्रह जल जाता है।

अंतिम संस्कार के बाद जब पाकड़ के पेड़ के नीचे वह दीया जला रही थी। तभी आँगन बंद सांकल के पार ड्योढ़ी पर हलचल हुई। डालचंद गुंडों के साथ लाठी ठकठका रहा था।

"सुन रे गणपत या कमेड़ी बाज सूं कोनी जीत सके..!" उसका रूआँ-रूआँ काँप उठा। आँसू उबल पड़े। पाकड़ का पेड़ भी कुएँ के पास स्तब्ध खड़ा था...। ज़मीन पर बैठकर उसने पेड़ के तने के गिर्द बाँहें डाल दीं। उसे लगा कि अब वह टूटने को है। ना जाने क्या हुआ कि कुछ ही पल में उसके अंदर अजीब सी शांति छा गई। उसके भीतर के भय की डुब-डुब करती कमेड़ी को मार कर कोई सुनहरी सर्पिणी उसके अंतस में आ बैठी थी।

कुटुंब के दबाव के बावजूद सुरमन ने दादोसा की तेरहवीं करने से मना कर दिया, एक प्रार्थना सभा रखी बस, जिसमें पूरा गाँव आया। सरपंच ने दो शब्द बोले। नकली पैर के सहारे, नई पगरखियां चरमराते हुए सुमेर भी आया और कड़क सैल्यूट दिया। नहीं आये तो करीबी कुटुंब वाले। उसी रात उसके कवेलुओं पर सारी रात भाटे गिरे। सुरमन के भीतर की सुनहरी सर्पिणी कुलबुलाई। सुरमन को वसुधा की किताबी बातों के अर्थ भले समझ न आते हों, उनके आशय मन में बैठी यह सुनहरी सर्पिणी समझा जाती है।

"सुनो! हम औरतों के खून और मज्जा में आज भी धरती के दिए सबक रखे हुए हैं कि एक हद तक सहो फिर हद पार हो जाए तो सब छितरा दो मनुष्य का बनाया।" सुरमन ने मन को थपथपाकर शांत किया।

सूबेदार लादू सिंह की प्रार्थना सभा में तो वसुधा नहीं आ पाई थी। सूतक का मामला रहा होगा। लेकिन बीसवें दिन अचानक प्रकट हो गयी अपने ड्राइवर

के साथ। गोद में नन्ही बच्ची थी गुलगोथनी! गोरी गट्ट...शहद जैसी आँखों वाली। सुरमन का सोग जाता रहा, बस उस बच्ची को सबसे पहले काला टीका लगाया, काला धागा गोरे पगों में बाँधा और उठाए फिरी।

"सुन! मुझे मुकुन्दी से मिलना है! तूने कहा था न वह हमें जंगल दिखाएगी। आज मौका है, पूरा परिवार रिश्तेदारी की एक गमी में गया है।" सुरमन उलझन में पड़ गयी। दक्षिणी किनारे के खेत में दादोसा के सँभाल कर रखे हुए मक्का के बीजों के नये पौधे आए थे, उनको पानी देना था। खेतों की तारबंदी के लिए पटवारी के पास जाना था। पर वसुधा के लिए सब कल पर छोड़ दिया। मुकुन्दी को फ़ोन पर बताया और चल पड़े। सुरमन ने इशारे से पूछा ड्राइवर? वसुधा ने छाती पर हाथ रख कर बताया—भरोसे का है। गाड़ी तीखे ढलान पर उतर रही थी।

"सोनू, इस आंकी-बांकी चढ़ाई और ढलान पर चला तो लोगे न?" पूछते हुए वसुधा ने मोबाइल फ़ोन फ़्लाइट मोड पर डाल दिया।

"दीदी फिकर न करें। मैं चीरवा की घाटी और माही के इस इलाके को जानता हूँ। देखिए वो खरगोश भागा।"

"कहाँ?" वसुधा चहकी।

"वाह, यहाँ तो संतरे के रस जैसी धूप आती है।"

सीतामाता संरक्षित अभ्यारण्य का इलाका निकट आता जाता था। और पेड़ घने दिखते जा रहे थे। वसुधा का मन सारे दृश्य पी लेना चाहता था...कहीं-कहीं उसे पहाड़ी का उत्खनन करते दृश्य दिखते तो वह अनमनी हो जाती-आखिर वह धरती की हमनाम जो थी। धरती की तरह ही उसकी भी इच्छा को कब तवज्जो दी गई? उसे भी मातृत्व को चुनने का सम्मान नहीं दिया गया। वसुधा को लगा कार की खुली खिड़की में उससे बतियाती चल रही हवा कह रही है—जो कुछ कष्ट हुआ है इस धरती को वह हमारे मुँह से सुनो...। बड़ा लंबा इतिहास है। तभी तरु खिनखिना उठी दूध के लिए, सुरमन ने उसे थमा दिया। आदिवासी गाँव का मुहाना आ गया था। वहाँ बने के फूस के छप्परनुमा बस-स्टॉप पर मुकुंदी खड़ी थी। कार रुकते देख दौड़ी।

"ए मुकु कितनी काली हो गई रे तू...और तेरी चप्पल किधर।"

"अब चमगादड़ के घर ब्याव में तो उलटा ही लटकना।"

वसुधा जो मुकुंदी के इतिहास से परिचित थी उसके इस वाक्य पर खूब खिलखिला कर हँसी। मुकुंदी सच में कामणगार नार थी सुरमन की माने तो, लावण्य की प्रतिमूर्ति, उस पर दूधिया हास।

"अब आगे कच्चा रास्ता है, पैदल चलना होगा।" मुसकुराती हुई मुकुंदी आगे हो गई...माही नदी की पतली धार थी। फिर एक आधा किलोमीटर की पगडंडी जिसके दोनों तरफ़ सेमल के ऊँचे-ऊँचे पेड़ थे।

"नरवर किधर है मुकुन्दी ?"

"वो गिद्धों को छिछड़े डालने गया है, और आजकल मधुमक्खियाँ पालना शुरू किया है। उसे नहीं मालूम था कि तुम आओगे।" जैसे-जैसे बस्ती पास आई कई तरह के पेड़ दिखने लगे। आड़ू, अर्जुन, बेर, नीम, करंज, बरगद। नदी के उस पार करील के झाड़ों पर नारंगी फूल उगे थे। एकसार पंक्तियों में लगे सागवान पेड़ों के नीचे रोमानी अंधेरा था। वसुधा को एक जापानी हाइकू याद आ गयी।

रोशनी का ही प्रेमी है ये अंधेरा।

दोनों प्रगाढ़ आलिंगन में रत हैं जंगल में।

सामने बस्ती थी आदिवासी। कच्चे घरों से धुआँ निकल रहा था। बच्चे नंग-धड़ंग खेल रहे थे। मुकुन्दी जिस घर के सामने रुकी वह घर कच्चे घरों के स्थापत्य का बेहद सुन्दर नमूना था। फूस के घर भी इतने मोहक और बड़े दालानों वाले हो सकते हैं? इतनी सुन्दर लिपाई? मिट्टी और तार से बने झरोखे, दीवारों पर मांडने। कवेलुओं पर टेराकोटा के चिड़ी-चिड़े बिठा रखे थे। रसोई आँगन में खुली-खुली और आँगन के एक कोने में चहकती हुई तीन गौरेय्या कूड़े-करकट के ढेर से कुछ बीन कर खा रही थीं। बल्कि छितरा अधिक रही थीं। कूड़ा ऐसा जिसमें सब जैविक था...छिलके, पत्ते, डंठल, कंकर, घुने हुए-पके बीज। सामने फूस के छप्पर पर कुन्दरू की बेल चढ़ी थी। जिस पर परागण में सहायक तरह-तरह के कीड़ों की प्रणय चेष्टाएँ चल रही थीं।

वसुधा का मन फिर टीस गया—काश, मनुष्य सड़कें न बनाता। लेकिन मनुष्य की तो आदत है, नयी बस्तियाँ बसाना और दूसरों की बस्तियों पर अपना

अधिकार करना। अधिकार न कर सके तो जलता हुआ पीछे छोड़ जाना। मुकुन्दी ने सबको लिपे हुए चबूतरे पर साफ़ चादर बिछा कर बिठा दिया और कीकर की लकड़ी के धुएँ से अलग स्वाद देती बकरी के दूध की चाय पकड़ा दी। मुकुन्दी-सुरमन अपने सुख-दुख की अंतरंग बातों में व्यस्त हो गयीं। तरु को मुकुन्दी ने आँगन के नीम-खेजड़ी से साफ़ चादर का पालना बनाकर उसमें सुला दिया था। एक क्षणांश को वसुधा को मुकुन्दी से ईर्ष्या हुई। लेकिन स्वयं को उसकी जगह रख कर न देख सकी।

"आदिवासी लोग अस्सी दिन तक बच्ची को ऐसे ही सुलाते हैं पास में चांदना करके। लालटेन से या दीपक से क्योंकि बैमाता आकर भाग्य लिखे तो उसे ठीक से दिखे...ऐसा न हो कि अंधेरे में वो टकरा जाए और स्याही ढुल जाए..." बच्ची के झूले को घुटनों से कोमल आघात दे मुकुन्दी भीतर चली गयी।

"मेरे साथ एकदम यही हुआ होगा।" सुरमन उदास होकर वसुधा से बोली, वसुधा ने उसे अपने से सटा लिया।

"अब तो सब ठीक चल रहा है न।" क्या कहती सुरमन? पुलिस की धमकी भी कितना काम करती? वह गंभीरता से एफ.आई.आर की बात सोच रही थी।

तभी लंबे-लंबे डग भरता हुआ नरवर आता हुआ दिखा। चीते-सी चाल, लम्बी-दुबली गात और तपा हुआ रंग, मेहनतकशी का पर्याय सा नरवर...मटमैली सफ़ेद कमीज़ के नीचे भूरी पैन्ट, गले में चाँदी का मांदलिया और चमड़े की पगरखी* पहने। सामने आकर सुरमन के साथ एक सुंदर, नफ़ीस आधुनिका को देख चौंक ही गया।

"राम-राम कब पधारे सा?" कहकर नरवर झुका। वसुधा अपनी उत्सुकता रोक न सकी...

"यहाँ गिद्ध हैं?"

"हाँ-सा! होकम बहुत समय बाद दिखे थे एक चट्टान पर दो घोंसले, तो मैंने रेंजर साहब को खबर दी मगर कोई आया नहीं।" अदब से उत्तर दे रहा था नरवर।

"मैं कोई सरकारी कर्मचारी नहीं। मैं सुरमन की सहेली हूँ। आप मुझे दिखाएँगे?"

"दूर हैं उस पहाड़ी पर, उधर मवेशी भी नहीं जाते...मैं अंडों पर बैठी माँ को दूर से गोश्त के छिछड़े डाल आता हूँ। मैं आपको दूर से दिखा सकता हूँ।"

सुरमन दूसरी बार मिली थी नरवर से, उसे ठीक हिन्दी बोलते देख चौंकी। बहुत दिनों बाद वसुधा ने हांडी में पकी दाल और राख में पकी बाटी खाई थी। कुंदरू की सब्ज़ी का यह स्वाद तो वह कभी नहीं भूलेगी। भोजन के बाद सब माही के तट तक सैर पर जाने के लिए निकले। मुकुंदी बच्ची के साथ वहीं रुक गयी। नरवर ने अपना धनुष-कमान ले लिया।

"उधर कभी-कभी तेंदुए मिल जाते हैं। वे तीर-कमान वाले भीलों को देखकर अपने आप भाग जाते हैं। कई बार बस्ती की तरफ़ आ निकलते हैं मवेशी उठाने...हम ले जाने देते हैं। अम्बा माँ को दी हुई बलि मान कर।" नरवर चौकन्ना था जंगल की हर आहट पर।

"क्या करें? इनको भी भूख लगती है," वसुधा पानी की पतली धारा को उलाँघते हुए बोली। रास्ते में एक गहरे हरे पतले पत्तों की सुगंधित झाड़ी के पास नरवर रुका—"यह ज्वर-झाड़ है, कभी किसी बच्चे को बुखार हो तो इस तरह की झाड़ी के पास लिटा देना चाहिए, इसकी टहनी तोड़ बच्चे को झलराना चाहिए...बुखार पौधा ले लेगा।"

"यह भुई आंवला, जिगर की बीमारी में रामबाण।"

वसुधा खुद बॉटनी में एम.एससी है, मगर नरवर के ज्ञान की कोई सीमा नहीं। वह रास्ते भर बताता रहा कौन-सा पेड़ उसके परदादा, दादा, पिता ने लगाया, यह भी बताया कि आदिवासी कभी पूरा पेड़ नहीं काटते।

"हमारे मंदिर ये पेड़ हैं। हम इनको इनसे पूछ कर ही बस कुछ डगालें छांगते हैं कि तूफ़ान से जूझने के लिए पेड़ का बैलेंस बना रहे, गिरे नहीं। जो बिनबात काटते हैं न! उनकी कुल्हाड़ियाँ भले भूल जाएँ...। पेड़ याद रखते हैं। यही बात तीरंदाज़ी की...। अपने आप को बचाने के लिए ही तीर निकले धनुष से। हमारे कानून बन-भैरव के कानून हैं। ये जंगल हमारे मालिक हैं। यहाँ के जानवर हमारे साथी।" नरवर बोलता जा रहा था, वसुधा चाव से सुनती जा रही

थी। सुरमन वहाँ होकर भी नहीं थी बस हूँ–हाँ करते हुए अपने ही भीतर के गुंजलक में फँसती जाती थी।

''कभी नरवर से सहायता माँगेगी तो करेगा? मुकंदी बताती थी एक बार अजगर की जकड़ से उसने अपनी बकरी निकाल ली थी।''

माही नदी की सुरम्य धारा देख कर...कुछ जंगली फल बटोर कर, पहाड़ी के नीचे से मादा गिद्ध की उड़ान देख कर सुरमन,वसुधा और नरवर लौट आए।

वसुधा जानती थी कि उसके जीवन का यह दिन शायद पूरे जीवन पर छाया रहेगा। लेकिन सुरमन के जीवन में यह दिन...उसके भीतर बैठी सुनहरी सर्पिणी के फण काढ़ने का था। वसुधा सुरमन को धौलाकोट छोड़ कर निकली ही थी कि केशव हलवाहा हाँफता हुआ आया...।

''बाइसा!'' सुरमन ने सुना कम देखा ज़्यादा। दक्षिण दिशा वाले खेत में जिसमें उसने दादोसा के अवेरे मक्का के बीज उगाए थे उसमें डालचंद बेख़ौफ़ हल चला रहा था और खेत की मेंड पर लाठी लेकर उसके पाले दो छोरे खड़े थे। उसका हाथ कमर पर बँधी दरांत पर गया मगर उसने खुद को रोक लिया और उलटे पैर अपने घर की ड्योढ़ी में समा गयी। उसके भीतर की सुनहरी सर्पिणी बल खा–खाकर फुफकार रही थी और वह मुकुन्दी को फ़ोन मिला रही थी।

अगली सुबह क्षण–क्षण का ताप झेलकर किसी तरह पूरब से उगी...। धूसर और निढाल। किसी भी लड़ाई के इतिहास में इन सुबहों और उसकी थकान का ज़िक्र नहीं होता है।

सुबह चार बजे नरवर चीरवा घाटी उतर कर अपनी शहद–मक्खियों की देखभाल के लिए निकल गया था। सुरमन दादोसा के बीजों वाले गोदाम में पैर पेट से सटा कर गहरी नींद सोई हुई थी, रह–रह कर हुमक जाती। सुमेर रात भर से बँधे अपने नकली पैर को कटे ठूंठ से अलगा रहा था...जो सूज कर मुगदर बन गया था। मुकुन्दी अकेली अपनी गोबर लिपी पाटल में रात भर करवटें बदलती रही...। अब चूल्हे की गीली लकड़ियों से जूझ रही थी। आँखें सेमल के फूल सी लाल हो गयी थीं। वसुधा सोती हुई तरु को देखे जा रही थी। जमनेजय बगल के सोफे पर बैठ सूबेदार लादू सिंह की वसीयत के कागज़ पलट रहा था।

धौलाकोट और आस–पास के गाँव के लोग झुंड बना–बना कर खेत और

जंगल के बीच के मुहाने की तरफ़ जा रहे थे। खबर थी कि एक खड्डे में पैंतीस साल के आदमी की अधखाई लाश पड़ी थी। आस-पास गुलदार के पंजों के निशान थे। सुनहरी सर्पिणी मंथर गति से रेंग कर धरती की तह में समा गयी थी। उसकी नीलम आँखें अब ईश्वर की निगरानी पर थीं।

राजस्थानी शब्द और उनके अर्थ

कमेड़ी—फ़ाख्ता

उनियारा—उजास

रोजीड़ा—नील गाय

पगरखी—जूतियाँ

बिंदणी—बहू

गुआड़—घर

ओलमा—ताना

ढबना—रुक जाना

एक थी लीलण

किर्र...क्रंच...चर्र...बुझती हुई शाम में दरवाज़ा खुलने की यह आवाज़ मेरे ठंडे वजूद को भी सिहरा देती है। इस आवाज़ से मेरी उँगलियाँ कुतरते हुए चूहे चिंचियाकर इधर-उधर भागते हैं। बल्ब की पीली, मरियल रोशनी का वृत्त मुझ पर गिरता है। छोटे-छोटे कीट पतंगे बल्ब के चारों तरफ़ तुरंत आकर भिनभिनाने लगते हैं। जिनकी चरचराहट इस घुटे हुए कमरे में आते-जाते शरीरों की सरसराहट से कहीं ज़्यादा भली लगती है। मेरे चारों तरफ़ की दीवारें जिनका जगह-जगह से पलस्तर उखड़ा हुआ है, हरे रंग की हैं। यहाँ टेबल पर पड़ी हुई मैं हूँ। कोई दूर से रोती हुई आवाज़ आती है, वह आवाज़ मेरे पास आकर सहम जाती है। एक खामोशी छा जाती है। एक बूढ़ा चेहरा और बदबूदार मुँह मेरे ऊपर तैरता है, लगातार बोलता हुआ। मेरे जिस्म से खून भरी चादर झटके से उतार देता है...मेरे गोपनीय अंग उघड़ जाते हैं। एक पहचानी-सी, धुंधली मादा आकृति, जिसने मुँह ढाँप रखा है—बेहाल होकर 'ना' में गरदन हिलाती है और झपाटे-से दरवाज़े से निकल जाती है। पहचान की एक सिसकी पीछे छूट जाती है। एक बूढ़ी नर आकृति भी सर हिलाती है और बूढ़ा अपनी दाढ़ी खुजाता हुआ मेरे जिस्म पर मुँह तक चादर ढक देता है। एक खाकी वर्दी डंडे से मेरी पगथलियों पर ठक-ठक करती है। बूढ़ा मुझ पर अपने तीखे-भीषण औज़ार रख कर जेब से शराब की बोतल निकालता है। मैं एक बार और मर जाती हूँ। बूढ़े की भद्दी आवाज़ मुझे परेशान करती है।

"आप कहोगे ड्यूटी पर शराब? पर यह ड्यूटी शराब पीकर ही हो सकती है, सब इंस्पेक्टर साब। देखा, साले साफ़ नट गए कि ये लाश उनके परिवार की नहीं। हो भी सकता है उनकी नहीं हो। मगर साहब किसी की तो है...जवान छोकरियों की लाशें भी बोझ। साले मा...क्रियाकरम का पैसा भी बचा लेते हैं।

इस बदबू ने अब मेरा दिमाग खोखला कर दिया है। इसे मरे हुए आज पाँचवाँ दिन है, साला कोई शिनाख़्त के लिए नहीं आया। जबकि आस-पास के गाँवों से चार छोकरियाँ गायब हैं। सर्दियाँ हैं वरना कीड़े पड़ गये होते। डॉक्टर साहब सात बजे तक आएँगे...तब तक पेट चीर कर, खोल कर रखना होगा इसे। आप बता दो कुछ इधर-उधर करना हो। इसके अंदर रूई डाल कर, नाखून, बालों के नमूने नर्स और लेडी कॉस्टेबल निकाल ले गए हैं। वही सबसे ज़रूरी हैं। डॉक्टर तो बाहरी-अंदरूनी चोट जाँचेगा।''

सब इंस्पेक्टर मेरी तरफ़ देखे बिना बस कोने में थूक कर बाहर निकल गया है। मेरा नंबर है 756, वही जो मेरी एफ.आई.आर. का नंबर है। लाशों के नाम नहीं होते। अपनों के दिलों में जो बसती हैं, वह स्मृतियाँ होती हैं, लाशें नहीं। मेरा पत्थर से कुचला हुआ चेहरा, मेरे अपनों की यादों में अब दर्ज नहीं है। मुड़ी हुई, अकड़ी कमर, फूला पेट, कटे स्तन उनको वीभत्स लगते हैं। मेरी विकृत नंगी लाश से वे मुँह फेर लेते हैं और शिनाख़्त नहीं करते। बाहर जाकर रोते हैं मेरी ज़िंदा याद में। उनकी यादों में मेरी तराशी देह, चिकनी साँवली त्वचा, बड़ी-बड़ी आँखें हैं। कानों में झूलते गिलट के झुमके और गोल नाक में डली चाँदी की बाली है। माँ कहा करती थी, ''तेरा शरीर बहुत अच्छा है, तेरा पति तुझे बहुत प्यार करेगा, तेरी आँखों के आईने से झाँकेगा तेरे चित्त में।''

मुझे ठीक तरह से नहीं याद कि किस पल मैं लाश में बदली। यह याद है कि तकलीफ़ों की नदी से तैर कर ही मैं यहाँ तक पहुँची हूँ। मैं बहुत धीरे-धीरे मरी हूँ, पंद्रह घंटों की तकलीफ़ के बाद। मेरी आत्मा की आवाज़ सुनना चाहोगे तो उसमें केवल चीखें भरी हैं, क्योंकि मेरी आवाज़ को घोंट दिया था। मैं आप में जुगुप्सा जगा रही हूँ न? लेकिन यह अच्छा है कि अब मैं गर्रर गौं करके कराह नहीं रही, शांत हूँ। यह मेरी घायल चेतना है जो मरकर भी नहीं मरी है, फंसी है यहीं-कहीं।

इस दर्द से पीछा छुड़ाकर सरपट भागने को आतुर आत्मा की कल्पना नहीं कर सकते आप लोग। आपके लिए मैं एक सड़ा हुआ गोश्त भर हूँ जिसे सरेआम नंगा किया गया और फफेड़ा गया था। यह कंपाउंडर जो मुझे उलट-पुलट कर गया है, निश्चित ही वह कल्पना कर सकता है क्योंकि उसने कई लाशों का पोस्टमार्टम किया है। हत्या, बलात्कार, एक्सीडेंट, ज़हर से मरे लोगों

का मगर मुझे देख कर उसकी भी हल्की सी चीख निकल पड़ी थी और बुरी तरह बड़बड़ाया था—उफ! यह तो हद ही कर दी! साले मादर...कर लेते जो करना था। कर-करा के फेंक देते नहर में...यह साला क्या कर दिया? नहीं मानती थी तो क्या साले हैवान बन जाओगे? पकड़े जाओगे हरामियो...पकड़े तो जाओगे! आजकल ये आदिवासी छोकरियाँ पहले की तरह नहीं कि जंगल में पकड़ लो तो मजबूरी में चुपचाप...अब ये थाने जाती हैं...लेकिन दो अक्षर पढ़कर जगत की रीत बदलती है क्या? मैं खुद पढ़कर क्या कर रहा हूँ ऐसी भद्दी लाशों के बीच? ये सब देख-देख कर भूख मर चुकी है, पेट की भी और नीचे की भी। ऐसा चेहरा तो लकड़बग्घे भी चबा दें तो नहीं होता, सलीके से खाते हैं वो भी। ज़िंदा आदमज़ात बस लाशें खाते हैं, जिनको तुम मार कर छोड़ जाते हो। फिर डॉक्टर कागज़ में उसे जंगली जानवर का आक्रमण बना देता है।''

पीले पड़ चुके बदबूदार एप्रन को पहनता हुआ, छोटे कद का मगर मोटा, खिचड़ी बढ़ी दाढ़ी बालों वाला कंपाउंडर मुँह में ज़र्दा लिए बड़बड़ा कर मुझे ही देख रहा था। मेरी एक आँख फट कर बाहर आ गई थी, दूसरी सूजन से बंद की बंद रह गई थी।

फिर वह मेरे गुनहगारों को गालियाँ देता हुआ कि उन्होंने उसका काम बढ़ा दिया है, मेरे निकट आया। मैं उसके हाथ के चाकू को छीन कर खुद को चीर-फाड़ डालना चाहती थी ताकि जो एक चेतना गुस्से की मुझमें बची है बाहर निकल जाए। मगर मेरे हाथ कटी टहनी से टेबल से लटके थे। बर्फ़ ने पिघल कर कमरे में कीच मचा रखी थी। कंपाउंडर ने दर्द से एकदम धनुष बन गए मेरे शरीर को दम लगा कर तीन-चार बार सीधा करने का प्रयास किया फिर उसने मेरी फटी छाती सिली। उसके बाद कोमलता से एक स्टील के चाकू से मेरी पसलियों के पास से नीचे नाभि तक चीमड़ हो चुकी खाल काटी और दो हिस्सों में मेरा शरीर खोल दिया। मेरी फैली जांघों को समेटा, खून के थक्कों को पौंछा, मेरे लटके हाथों को टेबल पर रख दिया। मुझ पर नई सफ़ेद चादर डाल दी। कमरे में अगरबत्ती जलाई। जाने उसे क्या सूझा कि उसने मेरे माथे पर कोमलता से हाथ फेर कर कहा—''करमजली! भाग जाती...'' मेरा मन किया कि उस बूढ़े के कन्धे पर सर रख कर आखिरी बार इंसानों की तरह बुक्का फाड़ कर रो लूँ।

वह अपना काम खत्म कर डॉक्टर के इंतज़ार में बाहर चला गया। मुझे दुनिया और रोशनी से वंचित करते हुए दरवाज़ा फिर से बंद हो गया। अब मैं अकेली हूँ। अपने शरीर में फिर अपने खिलते-जलते घावों के बटनों को खोलती और मुक्त होने की कोशिश करती हुई। मेरा मांस विद्रोह करता है, लड़ो हमारे लिए। पलायन मत करो। लेकिन मुझे कौन सुनेगा? डॉक्टर नहीं आया, कंपाउंडर से फ़ोन पर ही हाल सुनकर रिपोर्ट बना दी और मेरी लाश रात भर चिरी और खुली पड़ी रही। कमरे का सूखा अँधेरा मेरी लाश की रखवाली पर था। चूहे फिर आ गए थे और मेरी आंतों पर कूदते हुए मुझे गुदगुदा रहे थे। एक चूहे ने खेल-खेल में मेरी छोटी आंत जो कि बहुत ही लंबी होती है बाहर खींच ली। वो मुझे कुतरते हुए खेलने लगे जब उनका जी भर गया तो वे बिलों में छुप कर सो गए। फिर झिंगुर उतर आए...जिनकी ताक में छिपकलियां दीवारों से मेरे पास चली आईं। मुझे डर क्यों नहीं लगा इनसे? इनकी गिलगिली भूरी त्वचा से? मैं डरना भूल चुकी हूँ क्योंकि लाश हूँ न।

माफ़ कीजिए। आपको मेरी घिनौनी तकलीफ़ों में क्या रुचि होगी? आप तो मेरी कहानी जानना चाहते होंगे। मेरी कहानी उस दिन शुरु हुई जिस दिन से धरती की माटी में नमक घुल गया और जंगल तक सड़क पहुँची। मैं तो अब क्या हूँ लेकिन पिघलती बर्फ़ पर पड़ी इस मेरी लाश का फर्ज़ है कि यह अपनी टीस आप तक पहुँचाए। मैं आपको नहीं अपने समाज को सावधान भर करने लिए नुमाईश में हूँ! मेरे बालों में ये कांटे, गोखरू, खरोंचें, चाकू के गोदे हुए गहरे घाव ही नहीं हैं, मेरी लाश में मेरी ज़िंदा रहने की इच्छा और इस संसार में पैर फैलाता विनाश भी धँसा हुआ है।

मेरे शब्द तो छाया भर हैं...। इनके पीछे का सच कहीं ज़्यादा क्रूर, कहीं ज़्यादा बर्फीला है। आपको विश्वास नहीं होता न...आँखों में तिनका मोड़ कर फंसा लीजिए और बिना पलक झपकाए अपने चारों तरफ़ देखिए। बहुत लाशें मिलेंगी जंगल में जिन्हें जानवर ने कम आदमजात ने ज़्यादा नोचा है। मैं नहीं जानती आपकी दुनिया के ढब हमारी दुनिया तक कैसे पहुँचे...जिस्मों पर ज़बरदस्ती की हमारे यहाँ ज़रूरत ही नहीं पड़ती थी। मन से मन मिलते थे तो जिस्मों के लिहाज़ कितने गैरज़रूरी हो जाते थे। हमारी मेहमाननवाज़ी का ऐसा बेजा फ़ायदा उठाया गया कि चाय के साथ खाए गए हमारे कुरकुरे-गुनगुने

जिस्म। हमारे जंगलों की दुनिया कैसे टुकड़े-टुकड़े कर दी, अब ये कटे पेड़ों और नुची लाशों का जंगल भर है। यहाँ पंछी तक नहीं आते। सागौन, जंगल की उपज नहीं हैं, पंछी इन पर घोंसला नहीं बना पाते। हाँ जंगल का भरपूर ज्ञान है मुझे। मैं पक्की भीलणी हूँ। भील परिवार में पैदा हुई, दो भाइयों और एक बहन के बीच। कभी मेरा भी एक सुंदर नाम था—लीलण। अजीब नाम है न? हम भील लोग हैं हम ऐसे ही नाम रखते हैं। लीलण यानि नीले रंग की आभा। मैं अभी उन्नीस की होकर बीस में लगी ही थी, मेरे पिता भील किसान थे पर बिना ज़मीन के। वो कहते थे, हम ज़मीन के मालिक कैसे हो सकते हैं? ज़मीन हमारी मालिक है। यह समूचा जंगल हमारा है। मेरी माँ कत्थे के पेड़ों से छाल उतारती और हर सप्ताह लगने वाली हाट में बेचती थी। हम चार भाई बहनें ज़िंदा बचे थे। मेरी बहन के दो ब्याह हुए थे...। एक ब्याह, हाथ माँग कर हुआ। दूसरे वह जिसके साथ भागी थी। मेरे भाई छोटे थे। स्कूल का मुँह हमारे घर में केवल मैंने देखा। भाइयों का पढ़ने में जी नहीं लगा तो वो माँ के साथ कत्था-महुआ बीनने जाते थे।

मुझे आंगनबाड़ी की दीदी के कहने से, पंचायत के स्कूल में डाला था। मैं खेलकूद में काफ़ी होशियार थी। लॉन्ग जम्प की जूनियर ज़िला चैम्पियन भी रही। मैंने आठवीं पास कर ली मगर नवीं के आगे नहीं पढ़ सकी। मुझे नहीं मालूम मैं सुंदर थी कि नहीं मगर मेरे काले चेहरे पर जब सूरज पड़ता तो वह कांसे के लोटे सा चमकता था। मेरी बड़ी काली आँखें सपने देखती थीं। मैं जंगली हिरणी-सी चपल थी और ताज़ा दूब की तरह मेरा शरीर महकता था। मैं स्कूल किताबों में पढ़ी अपने गाँव से बाहर की दुनिया देखना चाहती थी। तब जंगल कितने अपने थे...जंगली जानवरों का ही डर दिखाती थी हर माँ, मर्दों का नहीं। अब तो तीन साल की लड़की को भी दिसा मैदान के लिए घर के पिछवाड़े भी अकेले नहीं बैठाते। मैं जब माँ के साथ कत्थे की छाल लेने जाती, जंगल के दूसरी तरफ़ के इलाकों के बारे में पूछती। वह बताती पास का शहर कैसा है। जब बाबा की पीठ पर फोड़ा हुआ था तब वो दोनों शहर गए थे चीरा लगवाने। मैं जड़ी बूटियाँ लाने के बहाने जंगली घाटी तक चली जाती थी, जहाँ से शहर जाने वाली सड़क एक कोस दूर थी। वहाँ घास खाती बकरियाँ मिमियातीं और नदी किनारे के मैदान में लापरवाह से बैठे जवान चरवाहे मुझसे

बात करने का बहाना ढूँढते। मैं उनको देख कर शर्माती हुई, फिसलती हुई सी वहाँ से निकल जाती।

तरुणाई मुझ पर जल्दी आ गई थी। सब मुझे डाँटते और टोकते—लीलण तो सपनों की दुनिया में डोलती है। मेरा मन कुछ खोजता था, मेरे मन में एक चेहरा था। दूब का तिनका चबाते उस जवान चरवाहे का जिसने मुझे कभी कोई लालच नहीं दिया था। जिसके कान में नीली मुरकियाँ थीं और मोटरसाइकिल से बकरियाँ घेरता-चराता था। मेरा मन करता था इस मोटरसाइकिल पर बैठ कर शहर जाऊँ।

वह सीटी बजाता और बकरियों का झुण्ड उसकी गाड़ी के पीछे चल पड़ता। यही वनराज था। जिससे मैं सर्दियों में मिली थी और अगले फागण में 'भगौरिया' में उसके साथ भाग गई थी। वनराज के पास ब्याह में बापू को चुकाने और शादी का खर्चा निपटाने के पैसे नहीं थे। सो बात पक्की कर दी माँ-बाप ने। मैं अपने घर आ गई। वनराज ने वादा किया था कि कार्तिक में वह चार दुधारू बकरियाँ पशु मेले में बेच कर पैसा बना लेगा। हम जंगल में मिलते, नदी के किनारे बातें करते। हम दोनों को जंगल से काफ़ी लगाव था। एक रोज़ हम चोरी से शहर गए, सिनेमा के नीले अंधेरे में हाथ पकड़े बैठे रहे। लौटते हुए शाम ढल गई।

"लीली, कमर से पकड़ ले मुझे।"

"क्यों तुम फ़िल्म के हीरो हो?" वनराज ने जानकर ब्रेक लगाया और हम दोनों ज़ोर से हँसने लगे थे। जंगल का कच्चा रास्ता था, मोटरसाइकिल ऊबड़-खाबड़ रास्ते पर उचक कर चल रही थी। मुझे याद है, हम जंगल वाले रास्ते से अभी कुछ ही दूर पहुँचे थे कि अचानक दो मोटरसाइकिलों पर सवार पाँच लड़के हमारी मोटरसाइकिल के आगे पीछे चलने लगे। कुछ देर परेशान करने के बाद उन्होंने हमारी गाड़ी के आगे अपनी गाड़ियाँ लगाकर हमें रोक लिया। जंगल में पथरीले बड़े-बड़े टीले थे। जिनके अंदर क्या हो रहा है, यह सड़क से बिलकुल भी नज़र नहीं आता था। वो हमें टीलों के बीच लाकर ही माने, वनराज ने उन्हें पहचान लिया। वे बगल के गाँव के लोग थे, वो भी वनराज को जानते थे।

"और वनराज भाई किधर को सवारी?" यह पड़ोसी गाँव के पंचायत

प्रधान का छोरा था। उसने वनराज को रोक लिया था।

''बस भाई जी, गाँव पहुँचाने जा रहा था इसे।''

''हमारे सात सौ रुपए तो लौटा दो, एक महीने के तीन महीने हो गए।'' कहकर उसने मोटरसाइकिल का हैंडल पकड़ लिया था।

''एक बकरी ब्याहने वाली है, भाईजी, जल्दी लौटा दूँगा। अभी जाने दें रात हो रही है उस पर जंगल का रास्ता।''

''अच्छा जाने दो रुपया, बैठो आओ महुआ पियो हमारे साथ। इनको हम सब मिलकर छोड़ देंगे।'' इस बात पर वनराज उखड़ गया।

''भाई जी, जाने दें। देरी हो रही है, महुआ मैं पीता नहीं।'' कह कर उसने मोटरसाइकिल दुबारा झटके से चलानी चाही। मगर वो सारे मिलकर वनराज पर टूट पड़े थे। हम दोनों मोटरसाइकिल से गिर गए थे। उसके बाद की कहानी तो हर उस कहानी की तरह है जो आजकल टीवी, अख़बार हर जगह सुनाई देती है।

वनराज बेहोशी में कराह रहा था। मैं उसके पास बैठी रो रही थी। मैंने लाल से काले होते आकाश को देखा। पास ही उन सब के अश्लील, उन्मादी ठहाके सुनाई देते रहे। उसके बाद सब एक पागलपन से भर गए। किसी ने मेरा कुर्ता फाड़ दिया। मैं उठ कर भागी थी मगर जंगल के काँटों और चट्टानों ने मेरा रास्ता रोक दिया। मैं बुरी तरह करील की झाड़ियों में जा गिरी थी, और... दुबले, मरियल हुहुआते, लार चुआते, नपुंसक महक वाले पसीनों से लथपथ लकड़बग्घों की शक्ल वाले इंसान मेरी तरफ़ आते थे जिन्हें मन से तो शायद ही कोई स्त्री चुनती। मैंने भी घिन से भर कर उन्हें अपनी देह से दूर पटका था, दाँतों से काटा था। बस वो संख्या में ज़्यादा थे और उनके पास हथियार था। जब मैंने आत्मरक्षा में उनको नोचा, काटा वे गुस्से में भर गए। उन्होंने हथेलियों से मेरा मुँह कुचल दिया। जाँघ के बीचों-बीच लातें मारीं।

जब मेरी पहली चीख उठी, आकाश और जंगल के कायर देवताओं ने अपने लोहे के दरवाज़े बंद कर लिए थे। हाँ, दर्जनभर चमगादड़ ज़रूर फड़फड़ा कर चक्कर काट रहे थे, मानो मेरे ऊपर से इन दरिंदों को छिटका कर अलग करना चाहते हों। कुछ गिद्ध नज़दीक के टीलों पर बेचैनी से उनकी हरकतें देख रहे थे। वे नज़दीक के टीले पर लपके...लड़के एक पल को उन गिद्धों से डर

गए। एक ने उन्हें चिल्लाकर भगाने की कोशिश की। उसकी आवाज़ घाटी में गूँजी।

जिस्म की सबल–सहज भूख में प्रकृति साथ होती है। यह क्रूरतम संभोग तो दाँतों और नाखूनों, चाकुओं, लातों से हो रहा था। यह मानो कोई बदला था हमारी बची हुई पवित्र आदिमता से, एक बेबस गोश्त में धँस कर लिया जा रहा था। मुझ पर छाए मरियल जिस्मों ने मेरी आत्मा खंसोट दी थी, गालियों और मेरी छातियों को दांतों से काट कर। ये ऐसे राक्षस थे जिनको बहुत दिनों से कुछ खाने को नहीं मिला था, इनकी भूख शांत ही नहीं होती थी। एक हद के बाद मुझमें विरोध की शक्ति चुक गई। अब मैं बस पीड़ा से पकी जाँघ थी, मेरी चिर चुकी योनि थी और उसमें अनगिनत बार धँसते जाते उन गीदड़ों के अंग थे। कुछ घंटों में मेरा जिस्म एक मांस और मज्जा का खून बहाता लौंदा भर रह गया था। मेरा खून देख कर वो सब भाग गए थे, मगर प्रधान का लड़का लौट कर आया। मेरी लाश की याद में वो बेल और लताएँ हैं जिनसे उसने मेरा गला दबाया, मेरी आँखों के गोलक बाहर को निकल आए मगर मैं मरी नहीं। चाँद पेंडुलम सा मेरे आगे डोलता रहा मगर मैं मरी नहीं। उसने एक चपटा पत्थर मेरे मुँह पर पटक दिया था।

जाने कितने घंटे मैं बेहोश रही। जब–जब होश आया। मैं अपनी समूची देह को महसूस नहीं कर सकी। मेरा सूजा हुआ जिस्म ऐसा दिख रहा था मानो रबर का हो और उसमें हवा भर दी हो। ज़िंदा थी तब तक मैं भी अपने खून से डरी, जिस तरह से वह मुझमें से बहता चला जा रहा था, सारी घास और मेरे नीचे की चट्टान पूरी लाल हो गई थी। मोम जैसे पिघल कर मोमबत्ती में से निकलता है। मैं दर्द से जल रही थी और खून रिस रहा था। मेरी कटी हुई जीभ डर कर तालू से चिपकी थी मगर मेरी आत्मा कराह रही थी...ईश्वर करे इनके खेत जल जाएँ? इनकी औरतों की कोख से लड़कियाँ गायब हो जाएँ, इनकी औरतें बस पत्थर जनें!

जैसे ही मैं बेहोशी में डूबती, मुझे राहत मिलती। लेकिन मेरी धीमी नाड़ी चलती रही, मैं अपनी सारी चेतना लगा कर दिल की धड़कन सुनती। मेरी थिर आँख जाँघ और चिरी हुई छाती और खोपड़ी से बहते लहू के गाढ़ेपन को लद–लद टपकते चुपचाप देखती रही। धूसर लहू जिसका रंग न दिखता। लाश को रंग

नहीं दिखते। सब काला-सफ़ेद या कि धूसर। मुझे थिर देख कर कुछ मक्खियों ने दूसरी मक्खियों को इशारा किया था। पहले तो वे मुझे देख सन्न रह गईं। फिर वे अपना काम करने लगीं। सफ़ाई और भूख। आपस में मेरी बातें भी कर रही थीं वे। मेरे इस गोश्त में धंसा क्रूरता का आतंक उनको स्वाद में महसूस हुआ होगा। वे मक्खियाँ बहुत न चूस सकीं मेरा जमा हुआ लहू, जल्दी ही उड़ गईं।

मेरे आस-पास की ज़मीन देसी शराब से जली हुई और खून के धब्बों से सनी थी। हाय! उन्हीं जंगली लताओं से मेरा गला दबाया था, जिनके महावरी फूल तोड़ कर मैं वेणी में गूँथा करती थी। मेरी नई धानी चूड़ियों के टुकड़े मेरे ही जिस्म में गड़ रहे थे। जंगल में जहाँ मेरी चप्पल गिरी थी वहाँ से सूँघता हुआ एक सियारों का झुण्ड आया था मेरे पास...तब मैं ज़िन्दा थी। मुझे वो देर तक सूँघते रहे...फिर एक मुखिया मादा आई। मुझे सूँघ कर चट्टान तक गई जहाँ मेरे साथ दरिंदगी हुई थी फिर वह आसमान की तरफ़ मुँह करके हू हू हुआ करने लगी और अचानक सियारों का झुंड गरदन झुका कर चला गया। एक करैत साँप खामोशी से मुझ पर रेंग कर निकला और उस कुचली हुई घास में फुफकारने लगा। यकीन मानिये मुझे उन जंगल के वासियों से ज़रा डर नहीं लगा था। मकड़ियाँ मुझ पर जाला बुनने लगी थीं। पेड़ पानी टपका रहे थे। जहाँ मेरे नाखूनों से छाल छिली थी महुए के पेड़ की वहाँ से वह आँसू बहा रहा था। मेरा शरीर शिथिल हो रहा था और जंगल की हवा साँय-साँय बैन कर रही थी जैसे मेरी कोई बिछड़ती सहेली हो। मैंने ज़िन्दा रहने के लिए सारी इंद्रियों का ज़ोर लगा लिया था। बेहोशी की काली छाया बढ़ रही थी, मेरे जिस्म से बाहर निकलते हुए खून आज़ाद महसूस कर रहा था। दर्द फीका पड़ रहा था...साँसें सीने के पिंजरे में बंद सुग्गों-सी तीलियों से लड़ रही थीं। यह दिमाग़ था कि तब भी चल रहा था...।

''वनराज कहाँ होगा?''

''पुलिस को लेकर आता होगा...। अस्पताल...''

''माँ-बापू खोजते होंगे...चलूँ उठ कर वहाँ पड़ी चप्पल पहन कर।''

''पहचानती हूँ चेहरे इंस्पेक्टर साब...वो जोगसर गाँव के नरसिंग,मुन्ना, रफीक़ और मेरे ही गाँव का हरामी जैशंकर था जो सबसे आखिर में मेरे ऊपर आया था और मेरी आँखें फट गई थीं, उसको भाई जी कहती थी मैं।''

मैं रात भर वहाँ बियाबान में पड़ी रही। कोई नहीं लौटा। दूसरे दिन भी मुझ पर किसी की निगाह नहीं गई। तीसरे दिन दोपहर में जब वहाँ चीलें मँडराने लगीं तो एक नंगी लाश के घाटी में पड़े होने की खबर आस-पास के इलाकों में फैल गई। दिन भर एक दूरी पर लड़कों-मर्दों की एक भीड़ आती-जाती रही। मोबाइल फ़ोनों से वे मेरी नंगी लाश के फ़ोटो लेते। औरतों को साहस न हुआ निकट आने का। वे दूर घूँघटों में—कच्च-कच्च की ध्वनि निकालती रहीं। उस रात भी पुलिस नहीं आई। मेरी लाश जंगल की निग़हबानी में पड़ी रही। किसी बूढ़े ने एक मटमैला साफ़ा मुझे ओढ़ा दिया था। जाने मुझे क्यों लगा था कि उस आती-जाती भीड़ में एक चेहरा वनराज का भी था!

पुलिस थाने में भी एक काले पॉलीथीन में बंद रही दो दिन मेरी लाश। लोगों को खबर दी कि पहचान कर लें। कोई नहीं आया, एक सनकी बूढ़ी दो बार आकर मुझे पहचानने की कोशिश कर गई। वह हाथ में गोदना खोजती थी 'सुमन' नाम का मगर मैं तो 'लीलण' थी। मुझे अपने घरवालों के आने तक काले पॉलीथीन में बंद रहना था। उसके बाद मैं पोस्टमार्टम घर में पहुँचा दी गई। वहाँ भी मेरी लाश ने दो दिन डॉक्टर और घरवालों का इंतज़ार किया।

उस सुरंगनुमा अंधेरे कमरे की पीली रोशनी में मैं उन आकृतियों को पहचान गई थी। घूँघट में माँ थी और बाबा ही थे जो देख न सके थे बेटी का चेहरा। माँ तुम कैसे कह सकीं कि नहीं यह लाश तुम्हारी बेटी नहीं। नाराज़ हो कि मैं कह कर नहीं गई, वनराज के साथ शहर जाने की बात। मुझे क्या पता था। वरना तुमसे कह कर जाती कि शाम ढलने तक न लौटूँ तो जंगल में खोजने आ जाना। माना सब विकृत हो गया था, मुँह पत्थर से कुचल दिया था। छः दिनों में मुझको फफूंद की एक परत ने ढक दिया था। मेरे दाँत टूट गए थे और होंठ भीतर धँस गए थे। नाक तो बची ही नहीं थी। एक हाथ की उँगलियाँ काट दी थीं। मगर दाहिने बाज़ू पर बना मोर का गोदना तो सुरक्षित था। वह तुम्हें नहीं दिखा? गोदने के ऊपर तुम्हारे अपने हाथों का बाँधा ताबीज़ भी नहीं दिखा? जो तुमने 'बलाओं' को मुझसे दूर रखने को बाँधा था। और वह अंगूठे वाली चप्पल जो मैं तुम्हारी ही पहन कर चली गई थी? वह तो बहुत दिन वहाँ जंगल में मेरी लाश के पास पड़ी रही थी। मेरे यहाँ आने से पहले रोज़ एक भीड़ मुझे देखने आती थी और हर कोई फुसफुसाता था—"लीलण है! धापू की बेटी।"

और माँ? तुमने सचमुच मुझे नहीं पहचाना? ठीक ही तो है, लाश किसी की बेटी नहीं होती, उसके 'बेटी-प्राण' तो फड़फड़ा कर उड़ जाते हैं। मिट्टी के लौंदे-सी बिगड़ गई देह किसकी बेटी? मैं समझ सकती हूँ तुम भी तो भीतर लाश ही हो गई थीं, जब तुम मना कर रही थीं, पहचानने से। जानती हो, तुमने ना में गरदन हिलाई तो डर और दर्द से काली पड़ी मेरी यह लाश चिंहुक गई थी। कोटर में धँसी आँख उचक कर बाहर आने को हुई थी। भुजा के ताबीज़ के नीचे मोर ने पंख फड़फड़ाए थे "माँ...रुको तो!" मगर तुम बापू का हाथ पकड़ एक सिसकारी भर पलट गईं।

और बाबा तुम? तुम जिनके खेतों की बँटाई करते थे, उस मालिक के लड़के जैशंकर के उन पाँच लड़कों में शामिल होने की बात तुमको किसने बताई? बाहर ले जाकर पुलिस वाला तुमसे क्यों कहता था, "एफ.आई.आर, में उसका नाम नहीं आना चाहिए...। ले-देकर मामला सुलटाना होगा?" तुमने मुझे न पहचान कर मामला ही सुलटा दिया क्या?

और वनराज तुम कहाँ गए? तुम क्यों नहीं आए शिनाख़्त को? मेले-ठेलों में मुझे देखने वाले तक को देख मूँछ पर ताव दिखाने वाले मेरे गबरू! तुम तो कहते थे—"लीलण! सही नाम रखा था तेरे माँ बाप ने। तेरी लीला ही निराली है! अब पैसा क्या, जान देकर भी तेरे बाप को रकम चुकाकर लगन करूँगा!"

जब वो शैतानों के जने मुझ पर टूट-टूट कर गिर रहे थे, मेरी सारी इंद्रियाँ तुम्हारी तरफ़ थीं। मोटरसाइकिल की आवाज़ आई तो मैंने सोचा, 'तुम आते हो मुझे बचाने।' मगर वह धीरे-धीरे दूर चली गई। मैंने दर्द से लड़ना नहीं छोड़ा था, मगर इस दुख ने मुझे निढाल कर दिया।

जबकि असल लड़ाई तुम्हारी थी उन छोरों से। मैं तो लड़ाई का मैदान बन गई और तुम पीठ मोड़ कर चले गए।

धीरे-धीरे मेरा धड़कता दिल पत्थर में बदल गया। अगली रात मैंने जिस पल आखिरी साँस ली, उस पल मुझे किसी की नहीं बस मेरे हाथ से ही रोटी खाने वाले पालतू कुत्ते 'लालू' की याद आई। वह होता तो मुझे हर हाल में बचा लेता। उस की याद में मेरे आँसू ढुलक गए और मेरी आत्मा चीखती हुई मेरे जिस्म से भागी थी। जैसे किसी आग लगे जंगल से कोई बनबिलाव भागता है। आत्मा हाँफ़ती हुई जिस ऊँचे पेड़ पर रपटी, उसकी डालियों से हज़ारों पक्षी

चीखते हुए जाग कर उड़े। आसमान की सैर के बाद चाँद लौट रहा था।

अब तो मेरी भगौड़ी आत्मा भी मेरी अपनी शिनाख़्त के लिए यहाँ नहीं है, उसने दर्द के सात दरिया पार कर लिए हैं। मुझे नहीं लगता कि वह अब कभी लौटेगी इस पार।

मुझे कोई लेने नहीं आया। मेरे चिथड़ों को पुलिस ने रख लिया। बाल, खून, नाखून, मेरी जाँघ में लिथड़ी चिपचिपाहट जिसे रुई में लपेट कर ले गई थी पुलिस। वह बाद में पोस्टमार्टम के इसी कमरे में कचरे के डिब्बे में पड़ी थी, जिसे गंदे-खजरेले कुत्ते ने बिखेर दिया था। कभी मुझे कोई बताएगा कि उन हरामियों का क्या हुआ?

अब मैं मैडिकल कॉलेज के पहले साल के बच्चों की टेबल पर हूँ। इनमें से किसी को मेरी कहानी नहीं जाननी। ये मेरी धनुष जैसी हो चुकी पीठ पर हँस रहे हैं। मेरी कटी छाती इनके लिए कौतुक है। इनमें से उस शैतान से लड़के ने मेरे बाएँ हाथ की कई जगह से टूटी हड्डी वाले हाथ को मेरी कमर पर लगा दिया है। ऐसा लग रहा है कि मैं नाच रही होऊँ। क्या मैंने आपको बताया कि मैं मांदल (बड़ा ढोल) पर सहेलियों के साथ 'टिमली' नाचती थी। सारे लड़के-लड़कियाँ हँस रहे हैं। मैं भी ठहाका मार हँसना चाहती हूँ। मगर मेरे खोखले हो चुके पिंजर में से कोई आवाज़ नहीं निकलती। बस एक लड़की उन सब पर गुस्सा होती है।

"मेरे डॉक्टर पापा कहते हैं, लाश का अपमान नहीं करना चाहिए।"

"अपमान!" मेरे पिंजर में कहीं दुबकी हँसी निकल आती है। मेरी लाश हँस रही है। एक हल्की हवा के साथ दाँत खुल गए हैं।

ऑर्किड

जिस पल वह उस लड़की से मिला। उस ख़ास पल में ऐसा कुछ भी नहीं था कि उसके बारे में कुछ विशेष कहा जा सके। अब सब कुछ खत्म होते-होते, लौटते हुए वह हर उस पल को चमकाना सीख गया था, जिनसे कोई किस्सा मुब्तिला होता। बीते समय को मथ कर उसमें से कुछ जादुई खोजता जा रहा था और स्मृति के बक्से में तह-दर-तह लपेटता जा रहा था। कुछ ऐसा जो परियों के किस्से-सा हो। साथ ही उसकी अपनी भी पैकिंग जारी थी। ऐसे उपहार जो आमतौर पर डॉक्टरों को नहीं मिला करते। रुद्राक्षों की ढेरी। एक बड़े कछुए का खोल, मलमल की तहों में बन्द कस्तूरी। मणिपुरी लुंगी। टोपियाँ। शहद। वह हर चीज़ को जतन से लपेट कर अपने दो बड़े लकड़ी के बक्सों में जमा रहा था। साथ ही सोचता जा रहा था, उसकी बेटी उससे मणिपुर की कहानियाँ पूछेगी, वह क्या बताएगा? उसके पास एक मणिपुरी डांस करती गुड़िया थी। परियों जैसी। आह! अब तो वह परियों की कहानियाँ सुनने की उम्र पार कर चुकी होगी।

डॉ. वाशी मणिपुर में चार साल रहा।

उसे रहते हुए आधा साल बीता होगा, तब ही की बात है। मई के दिन थे, उसने लड़की को नहीं, लड़की ने उसे मिलिटरी अस्पताल के चैकपॉइंट पर देखा था। बल्कि उसने हल्के इशारे से उसकी गाड़ी को रोका था। वह अंग्रेज़ी बोल रही थी और उसने हिचकते हुए कहा था कि वह आधा-कोर्स करके आधी-सी नर्सिंग ट्रेंड है। क्या वह अस्थाई किस्म का कोई 'जॉब' पा सकती है? बाद में वह कोर्स पूरा भी कर लेगी। वह चेहरे से बच्ची सी दिखती थी, पर आकर्षक थी। उसकी आँखें पिघलते चॉकलेट के रंग की थीं और बाल भी वैसे ही गहरे भूरे और सीधे, कमर तक लंबे थे। गालों की ऊँची उठान उसे औरों से अलग

करती थी। डॉ. वाशी को याद नहीं कि उसके इस अप्रत्याशित प्रस्ताव पर उन्होंने क्या उत्तर दिया था। हाँ, उसे ऊपर से नीचे तक ताका ज़रूर था। याद भी क्यों होता? जब से यहाँ आया था, हर जगह उसे यहाँ ऐसे कितने ही सुंदर चेहरे देखने को मिलते थे, हर चेहरा उसे रोज़मर्रा के 'आई टॉनिक' से ज़्यादा नहीं लगता था।

हर रोज़ बुरी तरह घायल लोगों को देखना ही उसकी अब तक की दिनचर्या थी। कई बार अर्धमूर्च्छित बच्चे, अपाहिज हो चुकी औरतें। हर सप्ताह बहुत से शव भी आते। दोनों ही तरह के। सिपाही भी और स्थानीय असंतुष्ट लोगों के भी। अशांति यहाँ पिछले कई सालों से है। उदासी, मातम और संघर्ष, इसी के बीच जीवन जैसा कुछ चल रहा है। कोई सप्ताह अच्छा बीतता है, जब केवल दो-तीन शव आते हैं। कोई सप्ताह तब बुरा बीतता जब युवाओं के पूरे झुंड की लाशें आती हैं। चाहे वे सिपाही हों कि उग्रता से भरे ये स्थानीय अलगाववादी समूह। पहले वह उदास हो जाता था, जब उन्हीं युवाओं को मॉर्चुरी में पाता था, जिनको उसने गाँव के मुहाने पर पिछली शामों को झुंड बना कर मस्ती करते देखा होता था।

उस लड़की से मिलने से एक सप्ताह पहले ही तो...दस युवाओं का एक समूह उसे मिला था। एक-दूसरे की कमर में हाथ डाले लड़के-लड़कियों की एक नाचती-गाती श्रृंखला। वह शाम की सैर पर निकला था और यह झुंड उसे डराने की मंशा से चेन बना कर आगे चला...वह भीतर से हल्का-सा डरा हुआ होकर भी बाहर से मज़बूत रहा और आँख से आँख मिला कर चलता रहा, बीच सड़क। अपनी भाषा में उसे वे अपरोक्षत: ललकारते रहे। वह चलता रहा, उनसे आँखें मिलाए। लड़के-लड़कियाँ उसके एकदम पास आकर बिखर गए। ज़ोर से हँसे, "अरे! डॉक संभल कर।"

अगले ही दिन मॉर्चुरी इन दस युवाओं के शवों से भर गई थी। शोक मनाते उनकी चीख़ती माताएँ, धमकाते युवक, सर पकड़े बूढ़े पिता। चीखते युवा मॉर्चुरी के केयर टेकर को मार डालने की धमकी दे रहे थे, क्योंकि वह बिना मेडिकल सर्टिफ़िकेटों के शव देने से इनकार कर रहा था। मई बरसातों की शुरुआत का मौसम, शव सड़ने शुरू हो सकते थे। तूफ़ानों और हमलों से बिजली गुल थी। कुछ सिपाहियों के क्षत-विक्षत शव भी ट्रक में रखे थे।

कब्रिस्तानों और श्मशानों में भीड़ जुट रही थी। कुछ कॉफीनों को लोग घेर कर खड़े थे, कुछ कॉफ़ीन एकाकी रखे थे। मृत्यु मृतक को कहाँ एकाकी कर पाती है, एकाकी तो पीछे रह जाने वाले होते हैं। इन शवों की पहचान के लिए आई भीड़ में उसने उसी अलगाववादी युवक को देखा, वह पच्चीस साल का होगा। वह एक दोस्त की सहायता से जल्दी-जल्दी रोड पार कर रहा था। उसके एक पैर की जगह ठूंठ था, वह भी ताज़ा और पट्टी बँधा। उसका कष्ट यह नहीं था कि पैर चला गया, इन रास्तों पर चल कर तो यह होना ही था। उसे दुख हुआ था कि यह एनकाउंटर या हमले के दौरान नहीं हुआ। यह तब हुआ जब वह अपने घर में पत्नी के साथ था। एक हमला और सब नष्ट, बच्ची और पत्नी भी, फिर पैर का क्या मातम मनाता?

उन्हीं दिनों डॉ. वाशी का परिचय एक प्यारी-सी बच्ची जेना से हुआ था। वह अपने छोटे भाई के साथ रोज़ आती थी । उसे ऑर्किड के फूलों का गुलदस्ता बेचती और कैम्प के बाहर सड़क बनाते मज़दूरों को मिल्कमेड से बनी हुई कड़क चाय। वे दोनों ऑर्किड के फूलों के गुलदस्ते और एक एल्युमिनियम की केतली और मिल्कमेड का एक टिन लिए दिन भर वहाँ बैठते थे। शाम ढलते ही पहाड़ी ढलानों पर जाने कहाँ लौट जाते। सुबह फिर निर्लिप्त भाव से अस्पताल में आती-जाती लाशों को देखते मिलते। वाशी का मन करता कि उन्हें भगा दे, क्योंकि बच्ची बहुत क्यूट थी, अपने घरों और अपनी औरतों से दूर किसी भी सिपाही पर भरोसा नहीं किया जा सकता था। गाँवों में और भी बुरा हाल था, आपसी झड़पों में भी कई लोग, बच्चे-औरतें घायल हो रहे थे, मर रहे थे। जब उसे पता चला कि जेना के माता-पिता मर चुके हैं तब वह सोचता कि इस दस साल की बच्ची का क्या होगा जबकि वह स्थानीय भाषा के अलावा कोई भाषा नहीं जानती थी। वह अपने भाई से न जाने किस भाषा में गरदन हिला-हिला कर गुड़िया की तरह बात किया करती थी...परियों के बारे में नहीं...शायद उन शवों के बारे में, बारूद से लिथड़े, शरीर से उखड़े अंगों के बारे में, उन्हें खाती बिल्लियों और सियारों के बारे में? वह रोज़ जेना और उसके भाई को सुबह सलामत पाकर खुश होता। उनसे इशारों में बात करने का प्रयास करता।

एक रोज़ जेना के भाई ने इशारों से कुछ बोल कर उसे एक लंगड़े युवक के बारे में बताया जो जंगल में एक टूटे-फूटे कॉटेज में मर रहा था, कॉटेज के

आस–पास कई मीटर तक बदबू आ रही थी उसके सड़ते ज़ख़्मों की, जेना ने भी 'प्लीज़ अंकल', कह कर उससे अपनी भोली आँखों से आग्रह किया। वह शाम ढले, पैदल ही चला। तमाम खतरों के बावजूद। रास्तों में कुछ लोग ठिठके तो जेना ने अपनी स्थानीय भाषा में कुछ कहा और लोगों ने सलाम किया और आगे बढ़ गए। सच ही में दूर जंगली बेलों में घिरी एक ब्रिटिशकालीन खस्ता हाल कॉटेज थी, और बहुत पहले से बदबू का अहसास हो गया था उसे। यह बदबू गेंग्रीन की थी। उसने नाक पर मास्क पहना। यह वही युवक था। मोंज़ी नाम था उसका। पहली बार चुपके से जंगल में भीतर जाकर किसी का इलाज किया था। कई दिन तक वह रोज़ गया और कुछ दिन बाद जब वह ठीक हो चला तो अस्पताल से एक पुरानी, टूटी व्हीलचेयर भिजवाई थी...आखिरी बार डॉ. वाशी जब युवक को देखने गया तो वहाँ वही युवती उसे अपने पिता के साथ मिली। यह प्रिश्का थी, लंगड़ा युवक उसका मौसेरा भाई था। वाशी ने उन्हें डाँटा कि ऐसे कैसे अकेला छोड़ दिया था इसे? तब प्रिश्का ने बताया कि किसी को भी नहीं मालूम था, मोंजी के एक साथी 'एलन' और इन दो अनजान, अनाथ बच्चों के अलावा। मोंज़ी का साथी एलन कभी–कभी उसके लिए खाना लेकर आता था। युवक ठीक होकर गाँव में चला गया था। बच्चों को कंप्यूटर पढ़ाने लगा था। प्रिश्का जाते हुए जेना को अपने साथ ले गई, एक एन.जी.ओ. में डालने के लिए जहाँ ऐसे बच्चे रह रहे थे।

"ऑर्फनेज? (अनाथालय?)"

"यस, सोर्ट ऑफ...(एक तरह से)"

"ओह, एट लीस्ट दे वर फ्री हियर। (कम–से–कम यहाँ वे आज़ाद थे)।"

"फ्री फ़ॉर एवरी थिंग, फ़ॉर चाईल्ड मॉलस्टेशन टू...(हाँ, हर तरह आज़ाद, यौन दुर्व्यवहार के लिए भी)"

~

वाशी जानता था कि कभी यहाँ ज़िन्दगी ऑर्किडों की तरह खिलती थी, स्वपोषी ऑर्किड जिसे बस सहारा चाहिए था, पोषण नहीं। पोषण वह हवा और प्रकृति

से पर्याप्त लेता था। पर अब ज़िन्दगी यहाँ घिसटती है, विकास के नाम पर बहुत कुछ आ गया, मोबाईल, चिप्स, पान पराग, सिगरेट, कोल्ड ड्रिंक्स, मगर सालों से यहाँ के गाँवों में कभी बिजली रही, कभी नहीं रही। बाज़ार के समानांतर गरीबी की भीषणता एक 'आयरनी' है। वह कभी नहीं जानना चाहता था, इन लोगों के जीवन के बारे में। वह यहाँ फेंक दिया गया था, या वह अपने भीतर ही एक अनजान लड़ाई लड़ रहा था। वह जब बहुत उलझता खुद से, सबसे ख़तरनाक, भीतरी इलाकों में घुस जाता। एनकाउंटरों के बीचोंबीच अपनी गाड़ी ले जाता, घायलों को अपनी जिप्सी में डाल कर ले आता। सोचता इतनी गोलियाँ चलती हैं, कोई एक-दो गोली उसके लिए नहीं होंगी क्या? क्योंकि आत्महत्या को वह कायराना मानता था, और वीरोचित मृत्यु...!

पत्नी की उदासीनता और रूखेपन ने उसे बार-बार आहत किया था। जब वह अपनी नन्हीं बेटी पाकर उन चोटों से लगभग उदासीन हो चला था, और वह उसे हर तरह से माफ़ कर चुका था, तो वह चली गई। यह कह कर कि "बच्ची, तुम्हारी नहीं है।"

"नीलिमा, बच्ची मेरी ही थी, उसने मेरे बाएँ हाथ की छोटी उंगली कितनी बार सोते में पकड़ी थी, और गाल से सटाने पर गाल चूसे थे। उसकी पेशानी एकदम मेरे जैसी थी।" खुद को आतंक, अस्पताल और अध्यात्म में डुबो चुका वाशी एकाएक वह सब याद करके विचलित हो जाता, उसकी चश्मे में छिपी आँखें भीगती जातीं और चश्मे का काँच धुँधला जाता।

वह अकसर सोचता था कि वह तो शादी करना ही नहीं चाहता था। उसे खींचा गया इस विवाह नामक संस्था में बिन प्यार-बिन लगाव। फिर उसे तोहमतें दी गईं। माना एक बेटी भी दी और फिर अचानक उसे भी दूर कर दिया गया। तलाक के नियमों के तहत अब अलगाव का समय भी निकल चुका था और वह डाक में मिले काग़जों पर दस्तख़त कर, आपसी रज़ामंदी के तहत आज़ाद था, हर रिश्ते से। यही वजह थी कि मृत्यु के भय से वह सहज ही ऊपर उठ गया था। वह गाड़ी लेकर पूरी वादियों में खुल कर घूमता। हर जगह खतरों के बावजूद, लोग उसे जहाँ जाने के लिए मना करते वह वहीं पहुँच जाता। सुंदर, मनोरम दृश्यों में जब वह बारूद की गंध सूँघता जगजीत सिंह की उदास ग़ज़लें

तेज़ आवाज़ में चला देता, वहाँ के मनोरम दृश्य उन ग़ज़लों से उदासी सोख लेते। फिर वे ग़ज़लें महज़ शब्द रह जातीं।

मंज़िल न दे, चराग़ न हौसला तो दे...।

अपने जिप्सी ढंग से उसने हर फ़िक्र को धुएँ में उड़ाना सीख लिया था। उसके ढेर सारे स्थानीय मरीज़ थे, जिनसे प्रत्यक्षतः मिलना, उसकी नौकरी के कायदे से ठीक नहीं था, पर वह खोज-खबर रखता। एक बार वह किसी गाँव की तरफ़ जा रहा था कि, एक आर्मी वाले ने उसे एक चैक पोस्ट पर रोक दिया, "साहब आगे मत जाइए एनकाउंटर चल रहा है।" वह रुका रहा, आधा-पौन घंटा हो गया रुके हुए। फिर उसका सब्र जवाब दे गया। एनकाउंटर हुआ है तो घायल भी होंगे, उसने एंबुलेंस को संदेश भिजवाया। दो किलोमीटर आगे बढ़ा तो दो गोरे, लंबे बालों वाले कैमोफ्लैज प्रिंट की वर्दी पहने हुए युवक नीचे लुढ़क कर गिर रहे थे। उसने गाड़ी रोकी, तब तक वे नीचे आ गए थे। एक के सिर में गोली लगी थी, दूसरे की पीठ में तीन जगह...ये गोरे सुंदर युवक थे, जिनकी हल्की भूरी मूँछें अभी पूरी नहीं उगी थीं। इन्होंने अपने संगठन की वर्दी पहनी थी। तभी एक सूबेदार भागता हुआ आया और उन्हें लात मारने लगा। उसे नागवार गुज़री सूबेदार की यह हरक़त। उनकी साँस अब तक चल ही रही थी। वाशी ने ज़ोर से डाँटा, "कैसे सिपाही हो तुम? देख रहे हो ये अचेत हैं..."

"साहब पहले उधर भी देख लेते...वो लोग क्या कर रहे हैं?" वह ऊँचाई से ढलान की तरफ़ बढ़ा तो देखा, दो युवा सिपाही मुँह खोले पड़े थे...उनके मुँह पर ज़िप खोल कर पेशाब कर रहे थे...बहुत से असंतुष्ट स्थानीय लोग। बच्चे, बूढ़े। किसी स्थानीय संगठन का कमांडरनुमा एक आदमी कुछ दूर सुरक्षित ऊँचाई पर बैठा माउथऑर्गन बजा रहा था।

एंबुलेंस के साथ एक पूरा कॉनवॉय आ गया था। स्थानीय लोग शवों को लेकर जंगलों में भाग गए थे। वाशी चुपचाप अपनी जिप्सी में जा बैठा और प्रिश्का के बारे में सोचने लगा, प्रिश्का जो नर्स बनना चाहती थी मगर उसकी इंटरप्रेटर बन गई थी। उन भीषण पलों में वह हैरान हुआ कि वह प्रिश्का के बारे में क्यों सोच रहा था? वह क्या उससे थोड़ा बहुत आकर्षित था? क्योंकि उसके बाल सीधे और लंबे थे। लंबे बाल उसकी कमज़ोरी थे। उसकी आँखें चॉकलेट के रंग की थीं। बाकि यह सच था कि जब वह उससे मिला उस पल

में ऐसा कुछ भी खूबसूरत नहीं गुज़रा था, न कोई मोर बोला था, न ही सितारे टूटे थे आसमान से।

वह नहीं जानता था कि प्रिश्का कितना जानती है, यहाँ की राजनीति के बारे में। मगर 'अवर क्रिपल्ड डेमोक्रसी' और 'अवर इंडिया' जैसे शब्द जब बोलती थी, उसे सुकून मिलता था। प्रिश्का ने उनके अस्पताल में आना शुरू कर दिया था, इंटरप्रेटर की तरह। वही एक मणिपुरी लड़की थी, जो अपने पिता की तरह कई भारतीय भाषाएँ जानती थी, और 'वहाँ इंडिया में...' जैसे जुमले नहीं बोलती थी।

प्रिश्का बीस साल की थी, जब डॉक्टर वाशी से मिली थी। अपनी छोटी सी उम्र में उसने बहुत कुछ जी लिया था। बहुत से छोटे-छोटे युद्ध, जिनका कि कोई राजनैतिक हल नहीं था। उसे उसकी और सहेलियों की तरह उसके पिता ने यह नहीं बताया था कि सेना और सैनिक उनके दुश्मन हैं और हम इंडियन नहीं हैं...वह जानती थी कि तमाम विरोधों और झड़पों के बावजूद वे सब, आपदा के समय सेना और उनके अस्पतालों पर निर्भर होते हैं। बस यह बात वह समझ नहीं पाती थी। क्यों डॉ. वाशी का उसके पिता बहुत सम्मान करते हैं? क्यों डॉ. वाशी को 'मिशन डायरेक्ट' करने वाले मोंजी की तरफ़ से एलन और फिर उसके द्वारा हिदायत दिलवाई जाती है कि 'डॉक्टर वाशी से कहना कि मौज में अपनी गाड़ी लेकर उस खास जगह पर न निकल पड़ें आज वहाँ संभावना है कि कुछ हो।' यही वजह थी कि उसने उस रोज़ डॉ. वाशी की गाड़ी रोकी थी। वैसे उसे नौकरी की ज़रूरत थी, पिता बूढ़े हो रहे थे।

डॉ. वाशी, एक लम्बा-चौड़ा, सरल-सा, हानिरहित इंसान। जो निर्लिप्त होकर गंदे से गंदे, भीषण घायल, सड़ते ज़ख़्मों वाले लोगों की सेवा करता है, बूढ़ियाँ उस पर भरोसा करती हैं, गाड़ी रोककर छोटे-छोटे गाँवों के लोग अपने-अपने बस स्टॉप पर आ जमा होते हैं। बदले में वह हर शनिवार-इतवार की शाम अजीबोगरीब 'करेन्सी' की फ़ीस के ढेर के सामने असमंजस में बैठा होता। पॉलीथीन में भरा बकरी का दूध, शलगमों के गुच्छे, जंगली अदरक की ढेरी, भुट्टे, मुर्गाबियों के अंडे, कछुए के सुंदर खोल...कभी-कभी तो कोटरों से पकड़े तोते। एक बुढ़िया तो उसके इलाज के पैसे देने के लिए तीन दिन उस रास्ते पर आती रही, जहाँ से वह गुज़रता था। वह उन दिनों कहीं व्यस्त रहा तो अस्पताल

के गेट पर चली आई, वह कोई स्थानीय फल लाई थी, जिनका स्वाद तुर्श था, और मुड़े-तुड़े साढ़े आठ रुपए। उसने बहुत मना किया मगर उसने जबरन उसके हाथ में थमा दिये।

प्रिश्का, उसके साथ अस्पताल में बैठने लगी थी, उसके साथ आने-जाने लगी थी। उसकी अनुवादक बनकर। उसे आस-पास की ज़्यादातर भाषाएँ आती थीं। मणिपुरी तो आती ही थी, मिज़ो और नागामुखी, नेपाली, बांग्ला भी आती थी, ठीक सी अंग्रेज़ी और थोड़ी-बहुत हिन्दी भी। वह सच में संभावनाओं से भरी लड़की थी। "मुझे इस लड़ाई से बहुत हेट है। दोनों साईड ही गलत हैं। हमारे घर के पीछे से हमारे यहाँ के लड़के हमला करते हैं। पापा खामोश रहते हैं, बोलते नहीं। मुझे भी रोकते हैं। मुझे डर लगता है।"

प्रिश्का को डॉ. वाशी सनकी भी लगता था। एक तरफ़ वह सेना का डॉक्टर था। ख़ूंख़ार सैनिकों के इलाज के लिए तैनात था। वहीं वह प्रिश्का के पत्रकार पिता का दोस्त भी था, उनके कहने पर न जाने किन भीतरी गाँवों में जाकर संदिग्ध घायलों का भी इलाज कर आता। बल्कि बॉर्डर रोड पर पड़ने वाले छोटे-छोटे गाँवों के लोगों का भी। वो लोग उसे बदले में क्या देते—थोड़े फल, और खाना, और शायद कुछ विश्वास और कुछ सम्मान। कभी-कभी जब वह देर रात कहीं से लौटता तो उनके घर आता, प्रिश्का अपनी माँ के साथ लेटी होती। वह उसे देख मुस्कुराता, उसके पिता से बातें करता। ज़्यादातर सुनता, क्योंकि उसके पिता ही बोलते थे, "देखिए डॉक्टर! डेवलपमेंट जो है न इंडियन गवर्नमेंट का, वह ईस्टर्न यूपी के बाद खत्म हो जाता है, इसलिए डेमोक्रेसी भी वहीं खत्म...हम तो बहुत ही दूर के इस्टेट हैं, हम छोटे-छोटे ग्रुपों में रहते रहे, प्रिमिटिव जैसे...। चर्च ने हमें एक साथ तो कर दिया।"

"आपने देखा है...भारत" बोलने को वाशी बोल तो गया, पर प्रिश्का के पिता ने उसे सहजता से लिया।

"हाँ, पहले जब भी ट्रेन से डेल्ली (दिल्ली) जाते थे, प्रेस क्लब की 'ऑल इंडिया कॉनफ्रेंस' में, तब से हम देख ही रहे हैं, आपके भारत और अपने इंडिया को। हमारे स्टेट के लोग वैसे पीस-लवर हैं, मेहनत करते हैं। रोज़ का उगाना, कमाना, खाना-पीना और जीने का मज़ा लेना। इन लोगों ने बहुत भरोसा किया था पहले गवर्नमेंट की पॉलिसी पर, आर्मी पर। इनीशियली दे यूज़ टू फ़ील

दे आर गेस्ट टू अस, वन डे दे विल लीव। आई मीन डिफ़ेंस फ़ोर्सेज़। बट नाउ दे फ़ील बीट्रेड! (शुरू में सुरक्षा एजेंसियाँ इनके लिए मेहमान जैसी थीं कि आए हैं, चले जाएँगे, लेकिन अब ये छला हुआ महसूस करते हैं) हमारे यहाँ के लोग कहते हैं कि सुबह मेहमान आए तो उसे ब्रेकफास्ट कराओ, फिर भी रुका रहे तो लंच कराओ, दोपहर में सोने को बिस्तर दो, शाम भी रुके तो चाय दो, रात को रुकना चाहे तो डिनर दो। लेकिन अगर वो...आपके घर की औरतें और खेती की ज़मीन माँगने लगे तो...काट दो मटन काटने वाले नाईफ़ से...''

वह चावल की शराब का आखिरी घूँट पीता और उसे पिघलाने वाली नज़र से देखता, कुछ देर बाद गाड़ी स्टार्ट कर चला जाता, वह बाहर भागती...उसे देखने...वह जानता होता था कि वह भाग कर बाहर आई है...अँधेरे में दूर जाने पर टॉर्च हिलाता।

दिन के उजालों में उसने कभी वैसे नहीं देखा, बस काम से काम। प्रिश्का को वह खुश रखता। उसका ख्याल रखता, नर्सिंग ट्रेनिंग के अधूरे छूटे कोर्स को पूरा करने के लिए उसे पढ़ाता। काम और व्यायाम के मामले में वह कोई समझौता नहीं करता था, उसका मज़बूत शरीर उसका साथ देता, पर आँखें, वे थकान नहीं छुपा पातीं। उसकी प्यारी थकी आँखें।

वह काम के मामले में एकदम सनकी था। दिन भर मरीज़ देखता, यात्राएँ करता यहाँ-वहाँ, जहाँ किसी युनिट में कोई बीमार होता। बाकि आस-पास के गाँव, जो बॉर्डर रोड के पास के थे, या कई बार दूर के भी। वह अध्यात्म की ओर मुड़ चला था। थका-हारा आता तब भी रात को वह अध्ययन करता। वह जर्नल्स के लिए स्थानीय लोगों की बीमारियों पर, उनके स्वास्थ्य और रहन-सहन पर लिखा करता। कबीलों के खान-पान की आदतें वगैरह। वह छः घंटों से ज़्यादा कभी नहीं सोता।

प्रिश्का के एक बार बहुत पूछने पर उसने बताया था, कि वह यहाँ क्यों आया था, और क्यों खतरे मोल लेता है, और क्यों अब नहीं जाना चाहता यहाँ से।

''क्योंकि नॉर्थ ईस्ट ने मुझे बहुत कुछ दिया है। पहले मैं सोचता था कि मुझे कोई प्यार नहीं करता, मैं ऐसे इलाके में चला जाऊँ जहाँ असली दुख हों और मैं अपना दुख भूल जाऊँ, या ऐसी जगह जहाँ गोलियों की बौछारों में...मेरी

मौत कायराना होने से बच जाए। शायराना हो जाए।'' कह हँसता, ऐसी हँसी जिसके आगे रुदन भी फीका पड़ जाए। तब प्रिश्का टाइपिंग के बीच से अपना सर ऊपर उठाती, अपने सीधे लम्बे बालों को हाथ से आगे लाती, अपने सुर्ख़ लाल, मांसल होंठों को गीला करती और कहती—''वो एक जन इतना इंपोर्टेंट कैसे हो सकता है जो लव नहीं करता, और बाकी जन का क्या जो आपको लव करते हैं? आपकी मम्मी, आपकी बेटी, आपके पेशेंट, कुलीग...आपके पेशेंट की आँख़ों में जो लव है, रिसपेक्ट है। याद नहीं, कैसे हमारे यहाँ गर्ल्स आपके ऊपर कॉन्फ़ीडेंस रखती हैं, कोई प्रॉब्लम हो तो यहाँ-वहाँ, अपना सेरांग आपके सामने खोल देती हैं, स्टाइल में।''

वाशी समझ गया था कि प्रिश्का अपने आखिरी वाक्य में व्यंग्य कर रही है, सफ़ाई में वो बोले।''अरे, तो बेचारी को थाईज़ में फोड़ा हुआ था। डॉक्टर के सामने तो...तुम्हें जलन हो रही है क्या? गाँव की लड़की थी, बेचारी।''

''बेचारी, गाँव की लड़की...अभी जानते नहीं आप?''

प्रिश्का उसके लिए कभी-कभी देर रात तक रुक कर भाषानुवाद करती तो वह उसे छोड़ कर आता। वह बहुत से कबीलों के अजीबोगरीब रिवाजों के बारे में बताती थी। वह टाइपिंग भी सीख गई थी उसके लिए। उसके लिए उसे बहुत कुछ सीखना पड़ा। वे देर तक साथ काम करते। काम के बीच कभी-कभी कुछ क्षण चुराने लगा था वाशी, कुछ छुअन, कुछ आनंद। जहाँ क्षुद्रता या शोषण नहीं था। बस स्नेह भरे स्पर्श थे। प्रिश्का मना नहीं करती, वह उसके लोगों के लिए निःस्वार्थ काम कर रहा था।

उसके निरंतर बदलते स्पर्शों के प्रति प्रिश्का की सौजन्यतापूर्ण सहमति ने डॉ. वाशी को विवश कर दिया। एक दिन देर शाम वे दोनों टहल रहे थे, गीले पत्तों पर। सीलन की वजह से डॉक्टर को छींके आने लगीं थीं। उसने कुछ कहा, जो डॉक्टर की छींक में गुम हो गया।

''मैंने कहा, मैं भी आजकल डायरी लिख रही हूँ।''

''वाह!''

''लिखना मतलब लेखन वाला नहीं, पर जो सोचती हूँ वही। फैंटसी करती हूँ, प्यारी दुनिया की, बिना सेना वाली। बिना घायलों, बिना बंदूकों वाली।''

''मैं होता हूँ फ़ैंटसी में?''

''कभी-कभी'' वह मीठा सा मुस्कुराई। यही मक़सद था भी।

''मसलन, सेक्सी फ़ैंटसी?''

''ओ गॉड!'' वो हँसने लगी, और वाशी की बाँह ज़ोर से दबा दी।

उसकी हँसी के पंख फिर सिमट गए, पाले में। वह अपने खोल में चली गई।

वाशी ने उससे पूछ ही लिया, ''मेरे साथ ज़िन्दगी बिताओगी?''

''एकदम नहीं, मैं यहाँ से जा नहीं सकती। यह मेरा देश है।''

''देश तो मेरा भी है, स्टेट तुम्हारा हो सकता है।''

''जो भी है, मगर तुम एक दिन यहाँ से जाओगे और मैं तुम्हारे साथ कभी नहीं आ सकती।''

''तुमने यह तो नहीं समझ लिया कि मैं जौंक हो रहा हूँ!''

''अरे नहीं। नहीं। कभी नहीं। बस बुरा दौर चल रहा है हमारे यहाँ। सच बोलूँ मुझे किसी से बहुत प्रेम है।''

''तो...भी तुम...किसी और से प्रेम करते हुए भी मुझे सेमी सेक्सुअल प्लेज़र कैसे दे सकीं?''

''क्योंकि मुझे लगा कि तुम्हें ज़रूरत थी...''

वाशी को वितृष्णा हुई। वह चीख पड़ा, ''मेरी ज़रूरत के लिए? ज़रूरतों के लिए पैसों से सब मिल जाता है, समझीं? मुझे खुशी हुई थी कि तुमने आर्थिक सहायता नहीं मांगी थी, काम माँगा था, और तुम इतनी संभावनाओं से भरी थीं कि मुझे लगा था कि तुम कोई कैरियर बना पातीं।''

अगले दिन से प्रिश्का नहीं आई...

डॉ. वाशी उस रोज़ पहली बार 'बार' में गया। बार में दो तीन अफ़सर बैठ कर शराब पी रहे थे, एक अचानक उससे पूछ बैठा—''डॉक, एड्स के क्या सिम्प्टम्स होते हैं?''

''क्यों? क्या हुआ?''

''नहीं, जवानों को अवेयर करना है।''

"हम हर साल एलिज़ा टेस्ट करवाते तो हैं। एक हर तीन महीने में एक एड्स अवेयरनेस वर्कशॉप भी रखते हैं।"

"वो सब ठीक है, पर..."

"देखने में एच.आई.वी. के कोई लक्षण नहीं होते। लगातार बुखार... वज़न कम होना...। लेटेक्स बुरी चीज़ नहीं मेजर। वैसे आनंद तो चरम का ही है, सुरक्षा बड़ी चीज़ है। चरम का परम आनंद तो अपने हाथों की निर्भरता में भी आ सकता है, और एड्स का खतरा भी नहीं...गोली का भी नहीं। ज़्यादा इधर-उधर किया तो गोली मिल जाएगी किसी रोज़ चिट्ठी में लिपटी, उस दिन जय-जय सिया राम!"

दूसरे को चढ़ चुकी थी—"अरे डॉक, एड्स तो फिर भी दस साल लेगा। गवर्नमेंट ने तो हमारा उसके बहुत पहले ही पक्का मरने का इंतज़ाम कर रखा है। श्रीलंका से ज़िंदा लौटे तो, वैली में फेंक दिया...वैली में गोली लगी। सीनियॉरिटी कम हुई...ठीक हुए फिर यहाँ फेंक दिया, यहाँ से बचेंगे तो फिर वैली..."

तीसरा टी टोटलर था, उसने पाईनेपल जूस पीते हुए कहा—"जिस गवर्नमेंट के चलते हम यहाँ हैं, वही हमारे साथ नहीं। अरे, हम लोगों के पक्ष में कौन है? हथियार हैं नहीं, हैं तो चलाने नहीं देते। बस सब कंट्रोल करो। ब्यूरोक्रेसी वाले करोड़ों में खाते हैं, साथ भी नहीं देते। हम एकाध हज़ार एडजस्ट कर दें तो बदनाम हो जाते हैं। पॉलिटिक्स और लोकल्स हैंड इनग्लव्ज़ हैं। इंटैलीजेंस एजेंसियाँ यहाँ की पॉलिटिक्स की जेब में।"

पहला बोला—"और बीवियाँ! जब हम मरेंगे हमारी डेड-बॉडीज़ से पहले हमारे बैंक अकाउंट देखेंगी...इंश्योरेंस के काग़ज, किसी 'पेट्रोल पंप' पर हमारी माला लगी तस्वीर होगी और ये शिफ़ॉन साड़ी पहन कर..."

दूसरे ने टोका—"चल-चल खाना लग गया, बहुत चढ़ गई तुझे..."

पहला—"ओए किससे बोला कि चढ़ गई...। ये तो इंसल्ट है साले!"

वाशी ने अपनी स्कॉच एक घूँट में पी और बाहर आ गया। उसका खाना खाने का मन नहीं किया। तलाक़ से पहले की बात है, उसकी पत्नी ने उसके लाइफ़ इंश्योरेंस के पेपर्स में जब देखा 'नॉमिनी' के लिए उसने बेटी और अपनी

माँ का नाम रखा है, तो उसने झगड़ कर केवल अपना नाम करा लिया था।

''वह तो नन्ही बच्ची है, वहाँ तुम्हें कुछ हो गया तो...पेपरवर्क तो मुझे देखना होगा। चीज़ें कॉम्प्लीकेटेड क्यों कर रहे हो?''

डॉ. वाशी के साथ प्रिश्का ने एक साल काम किया था। वे बहुत भन्नाए हुए थे कि बता कर जाना चाहिए था लड़की को। प्रिश्का के जाने से पहले उसकी सीनियर नर्स सुनंदा ने उससे कहा भी था, ''सर, प्रिश्का किसी लड़के एलन से प्यार करती है, चुपके-चुपके शादी की तैयारी भी चल रही है।''

उन्हीं दिनों सीमा सुरक्षा बलों ने एक बड़ा एनकाउंटर किया था। बहुत से युवा मारे गए। इस पर हज़ार से ज़्यादा लोगों ने प्रदर्शन किया। स्त्रियाँ घर से निकल आईं, केवल अपने स्टेट के झंडे को देह पर लपेट कर मुख्यालयों के बाहर प्रदर्शन किया। प्रदर्शनकारियों में प्रिश्का भी थी, एलन भी था। जहाँ तक आँसू गैस, पानी की धार से रोका तब तक लोग डटे रहे, फिर डंडे और बाद में गोलियाँ चलने लगीं और तभी एक लड़के ने अपने जिस्म पर पेट्रोल डाल कर आग लगा ली...यह एलन था। उसे बचाने के लिए प्रिश्का उसे खुद से लिपटा कर आग बुझाने की कोशिश करने लगी...मगर पेट्रोल उस लड़के के कपड़ों से लपटों में बदल-बदल कर टपक रहा था। वह तुरंत वहीं गिर गया, प्रिश्का भी थोड़ा झुलस गई थी।

पुलिस ने उस समय हालात काबू कर लिए, चीखती प्रिश्का को एलन से दूर कर दिया था। तब कुछ दिन बीतने पर प्रिश्का का उसके पास फ़ोन आया था, मगर वह छुट्टियों में माँ से मिलने गया था, सुदूर पश्चिमी छोर अजमेर। उसने पुरानी नाराज़गी के चलते उसे उपेक्षित कर दिया था। जब वह लौटा तब नर्स सुनंदा ने पूरा घटनाक्रम बताया। वह प्रिश्का से मिलने गई थी, बता रही थी कि एलन को स्थानीय ज़िला अस्पताल में रखा गया था। वहाँ बहुत बुरे हाल थे, बर्न वार्ड के। दवाइयों की दुकानों पर मँहगी वाली एंटीबायटिक दवाएँ उपलब्ध नहीं थीं और एलन सत्तर प्रतिशत जल चुका था। उस पर भीगता हुआ, फंफूद भरा मौसम। चार दिन बाद वह इनफेक्शन से मर गया। अब वह युवक एलन, नर्स सुनंदा और वाशी के लिए तो मर चुका था। प्रिश्का के लिए ज़िंदा था। यही परेशानी थी, वह उसके ग्रुप के छोड़े हुए मिशन में रुचि ले रही थी जो कि एक हद तक आत्मघाती था।

सुनंदा ने ही उसे बताया था—"प्रिश्का को पता है सर कि आप लौट आए हैं। उसके लिए आप से मिलना सबसे मुश्किल काम है। आप ही हैं जिसकी वजह से वह बहुत परेशान होती है। आप मित्र हैं, और बाकी छावनी उसके लिए एनीमी! पठारी सड़क की ढलान के बस स्टॉप पर हो सकता है दो-चार दिन में प्रिश्का आपसे मिले।" दस दिन बीत गए मगर वह नहीं मिली। उसने उम्मीद छोड़ दी थी।

एक रोज़ वह जगजीत सिंह की ग़ज़लें सुनते हुए पठारनुमा सड़क से गुज़र रहा था, नीचे ढलान पर आते-आते न जाने उसे क्यों लगा, उस सुनसान बस स्टॉप पर हो न हो प्रिश्का खड़ी है। जब पास जाकर उसने जिप्सी रोकी और देखा, हाँ वही थी। लेकिन वह तो वह कतई नहीं थी, जिसे वह जानता था। उसके भीतर ताज़गी भरी, जिज्ञासाओं वाली प्रिश्का कहीं खो गई थी। उसने लम्बे बाल कटवा लिए थे। यह तो कोई नर्वस सी लड़की थी। जिसकी आँखें एकदम अस्थिर थीं। जब वह मुस्कुराई तो उसमें पुरानी प्रिश्का झलकी। वह सपना भी जो डॉ. वाशी ने देखा था, प्रिश्का और अपनी बेटी दोनों के साथ एक शांत ज़िन्दगी जीने का। यह सपना बहुत धुंधला-सा था। अमूर्त जिसका कोई आकार-प्रकार, दिशा नहीं थी। वह शादी नहीं करना चाहता था, बस प्रिश्का और बेटी के साथ रहना चाहता था। और इस चाह को वह मन ही मन 'विशफुल थिंकिंग' कहता था। क्योंकि वह तब जानता था कि उसकी बेटी को उसकी पत्नी कभी यहाँ आने की इजाज़त नहीं देगी, प्रिश्का को उसका प्रेमी...जो अब नहीं है। यह सपना हिला...एक घायल तितली-सा। प्रिश्का की वह मुस्कुराहट जिस दिशा से आई थी, उसी दिशा में चली गई। डॉ. वाशी का असमंजस छलक आया, तो वह फिर मुस्कुराई।

"भूल गए क्या मुझे?"

"कतई नहीं।"

"तो मैं सुंदर नहीं रही?"

"तुम उतनी ही प्यारी हो। जानता हूँ, एलेन की मौत..."

"उसे तो चार महीने हुए...अब क्या? मुझे अब दुख नहीं होता।"

कटी लकड़ी की, पेंट उखड़ी बेंच पर बैठी थी वह। उसने एक जैकेट पहन

रखा था, नीला। उसने हाथ बढ़ाया, डॉ. वाशी ने चूम लिया। उसने दस्ताने पहने थे, ऊन का खुरदुरापन वाशी को अपने होंठों पर महसूस हुआ। वह मुस्कुरा दी, ''स्काफ़ में स्मार्ट लग रहे हो।''

''तुमने जो दिया था।''

उसने अपनी बाँह उसकी तरफ़ बढ़ाई और वे धीरे-धीरे आगे टहलने लगे। उनकी साँसों से निकली धुंध आस-पास फैल गई।

''कहाँ हो आजकल?''

''जहाँ मुझे शांति मिल रही है।''

''हाँ, तभी तुम शांत दिख रही हो। मुझे अफ़सोस है कि मैं तुम्हारे मुश्किल दिनों में साथ नहीं था। और एलन...!''

''जाने दो, एलन मेरे लिए कभी नहीं मर सकता...। मुझे अफ़सोस है कि मैं आपके पास से चुपचाप चली गई थी और आपसे छिप कर रही। ऐसा नहीं था कि मैं गुस्सा थी, उस बात से। बल्कि जिस पल लगा कि आप मुझसे प्रेम करते हो तो लगा कि मैं आपको कहीं खतरे में न घसीट लूँ। आपको कोई चोट न पहुँचा दे मेरी वजह से।''

''मुझे कोई क्यों...?''

''क्योंकि हो तो तुम इंडियन डिफ़ेंस के डॉक्टर।''

''वैसे मुझे तुम्हारे चले जाने से उससे भी ज़्यादा चोट पहुँची।''

''हाँ पहुँचती है...। किसी की केयर करो और वो चला जाए तो...बिन बताए! बिना आगाह किए...एलन ने बताया तक नहीं था कि उसका इरादा ऐसा भी कुछ था...दिन रात हम साथ ही थे? मैं नहीं जान सकी कि यह पहले से तय था या अचानक! अचानक था तो पेट्रोल केन उसे किसने थमाया था? हम तो साथ खड़े थे।''

''तुमने उस एन.जी.ओ. में काम करना शुरू कर दिया था। उसका क्या हुआ? जेना कैसी है?''

''मुझे किसी एन.जी.ओ. में काम नहीं करना। मैं अब इतनी बेवकूफ़ नहीं कि चैरिटी करने वालों की तरह ही अपने ही आस-पास हो रहे अन्याय को नहीं समझ सकूँ। जेना किसी मिशनरी स्कूल में है। उसके भाई को बौद्ध मॉनेस्ट्री वाले

ले गए। वो लिटिल मॉन्क बहुत रोया था उस दिन...डॉक, हमारा धर्म तो जंगल था, छोटे कबीले थे, गाँव-खेती...! एवरीबडी इटन अस इन पीसेज़ लाईक ए केक! (सब ने मिल कर हमें टुकड़ों में बाँट कर खा लिया, केक की तरह!) ''कहकर वह सुबकने लगी। वाशी ने उसे बेंच पर ला बिठाया और उसकी पीठ सहलाता रहा।

वह दो तीन मिनट चुप रही। फिर उसका हाथ हटा कर बोली तो उसके शब्द बहुत दूर से तैरते आए। उसने डॉ. वाशी को भूतकाल में पटक दिया था। इन शब्दों से उसकी उम्मीद बुझ गई थी।

''तुमने हम सबके लिए बहुत हमदर्दी रखी थी, मैं अहसानमंद हूँ। रहूँगी।''

''तुम अहसानमंद मत होओ, मुझ पर अहसान करो प्रिश्का। वापस चलो। मेरे कितने काम अधूरे हैं। नर्सिंग की एक टैम्परारी पोस्ट आने वाली है, तुम्हें अपना कोर्स पूरा करना है।'' वह चाह कर अपने अल्फ़ाज़ों को वो दम नहीं दे पाया था। उन अल्फ़ाज़ों के तो पैर ही कमज़ोर थे। बल्कि थे ही नहीं। उसने एक पल को अपना सिर वाशी के कंधे पर रखा। लेकिन जवाब फिर भी नहीं दिया उसने।

''डॉक। मैं एलन के तर्क से सहमत हूँ। मैं उसके मिशन में उसके दोस्तों के साथ हूँ। तुम जानते हो, कीमोथैरेपी कैंसर को और बुरा बना देती है। अब दया सहयोग और शांति की अपील इस कैंसर के लिए 'कीमोथेरेपी' है। इसका सही इलाज है, 'एम्प्यूटेशन' यानि काट फेंकना...। एलन सही कहता था- ''लोगों को उनके हिस्से का अधिकार न मिले, खाना, शिक्षा, सुरक्षा...वो तो जाने दो, इतना संगीन मसला भी नहीं। मगर जो हमारा था, वह तो न छिनता... ये जंगल-पहाड़, हमारी खेतियाँ, पशु...। और हमारी औरतें! हमारे शहर, गाँव, कस्बे सेना के ट्रकों, बंदूकों...और सिपाहियों से भर जाएँ और हम उनके साये में कँपकँपाते जीते रहें? सुधार कार्यों में समय और ऊर्जा क्या बर्बाद करना, जब कुछ सुधरना ही नहीं है तो क्रांति ही आख़िरी इलाज है न डॉक!

वाशी, प्रिश्का को देखता रहा...

''माफ़ करना, और प्लीज़ तुम खुद को उनमें शामिल मत समझना...

तुम्हें तो हम सबने चाहा था। तुमने निस्वार्थ हमारे इलाज किए। आजकल पापा बीमार हैं, मेरे और मोंजी के साथ रहते हैं...यहीं पास ही, जंगल के बीच सड़क के उस पार उसी कॉटेज में। पहले वाला समय होता तो मैं तुम्हें साथ ले चलती, वे भी तुमसे मिलकर बहुत खुश होते। सुनो, यहाँ से अब इंडिया में ट्रांसफर ले लो...चले जाओ।''

प्रिश्का ने साँस छोड़ी और मुड़ गयी...वह झपट कर पीछे गया, उसके सामने खड़ा हो गया...

''इंडिया! यू टू प्रिश्का?''

वह होंठ चबाती रही, यहाँ तक कि खून छलछला आया...अपनी चॉकलेटी आँखों में आँसू लिए वह सड़क के उस पार भाग गई।

कुरजां

"यह देखना डॉक्टर, तुम्हारे इस मेडिकल जर्नल में क्या लिखा है, यह कहते हैं कि शरीर की हर एक कोशिका में स्मृतियाँ जमा रहती हैं। ये तथ्य तब सामने आया जब अमेरिका में एक लड़की के शरीर में, ऐसे व्यक्ति का गुर्दा ट्रान्सप्लान्ट किया गया, जिसका कत्ल हुआ था...। तो उसे अपने उसी तरह कत्ल होने के सपने आने लगे थे, जिस तरह उसके मृत डोनर को मारा गया था। अब इसे क्या कहोगे तुम?" वह मेरे क्लीनिक में आता और इसी किस्म की हैरतअंगेज़ चीज़ें पढ़ने और सुनाने में दिलचस्पी दिखाता था।

मेरा यह चिरकुमार मरीज़, एक सेवानिवृत्त शिक्षाविद् था। अपनी नौकरी के दिनों के किस्से सुनाया करता था। रेगिस्तानी इलाकों, आसाम के अन्दरूनी हिस्सों, गुज़रात के कच्छ क्षेत्र और हर उस जगह के किस्से, जहाँ-जहाँ वह पदस्थ रहा था। एक शिक्षाविद् होने के नाते, जाने कितनी परियोजनाओं में उसने काम किया था। अपने अन्तिम दिनों में वह मुझसे 'विच क्राफ़्ट' यानि डायन विधा पर बहुत-सी बातें करने लगा था। उन दिनों उसने एक अनोखी घटना का और रेगिस्तानी इलाके की एक खूबसूरत डायन का ज़िक्र मुझसे किया था। "वह कहती थी डॉक्टर, जब उसकी माँ अपने ऊपर किसी की आत्मा बुलाया करती थी...तो उसके बाद दिनों-दिन निढाल पड़ी रहा करती थी। उसके शरीर में ऐसे पस्ती छा जाती थी कि जैसे वह महीनों बीमार रह चुकी हो। इसे तुम अपनी मेडिकल की भाषा में क्या कहोगे?" उसका यूँ हर बात के विश्लेषण में 'मेरी मेडिकल की भाषा' से दरियाफ़्त किया जाना, कभी-कभी मुझे खिजा देता।

उसके अनोखी कहानियों को सुनने-सुनाने के शौक के चलते मैं उससे अक्सर कहा करता था कि तुम लिखना क्यों नहीं शुरू करते? वह हमेशा यह कह कर टाल देता कि "यार, इतना धीरज किसमें है?" फिर भी, मेरे बहुत

कहने पर उसने रेगिस्तानी डायन की कहानी को कलमबद्ध भी किया था। मैं उसे आपके सामने रख रहा हूँ। ये रही वो फ़ाइल, ये रहे...उसके हाथ के लिखे पन्ने—

डायन! वो भी हाड़-माँस की जीती-जागती, साँस लेती? जवान-खूबसूरत। मेरी याद्दाश्त यूँ अचानक क्षीण पड़ जाये, ऐसा तो कभी नहीं हुआ। मैं स्कूल से रोज़ दोपहर घर आता हूँ, खाना खाता हूँ, कुछ देर आराम करके, स्कूल लौट जाता हूँ। इसी अन्तराल के दौरान, कल मैं हवेली के फाटक में घुसा ही था कि पीछे-पीछे वह घुस आयी। एक युवा औरत, लम्बी, सतर देह वाली। लम्बा चेहरा, ऊँची, उठी गालों की हड्डियाँ, झुलस कर गोरी से तांबई हो आई रंगत। उस चेहरे पर दो बड़ी हरी-नीली आँखें यूँ लग रही थीं, जैसे मीलों फैले रेगिस्तान में पास-पास सटे दो शीतल सरोवर हों। फटे हए जामुनी ओढ़ने से बिखरे हुए भूरे घुँघराले बाल बाहर झाँक रहे थे। उसने कुर्ती और घेरदार काला लहंगा पहना था। गले में चिरमी के मनकों की मालाएँ। कुल मिला कर गौर करने लायक वजूद।

मैंने सोचा, होगी कोई...मकान मालकिन से मिलने आई होगी। मैं जल्दी से अंधेरी, घुमावदार सीढ़ियाँ चढ़ने लगा, वह भी मेरे पीछे लपक कर चढ़ी। सीढ़ियों में दुबके दो चमगादड़ फड़फड़ाए, दालान पार करके, मैं अपने कमरे का ताला खोलने लगा। वह वहीं सीढ़ियों के बाहर चुप, गुमसुम खड़ी रही। चढ़ते हुए सूरज की धूप कमरे में एकान्त पाकर पसर गयी थी। मैंने अन्दर आकर दरवाज़ा भिड़ा दिया। ढकी हुई थाली उठाई ही थी कि...दरवाज़े पर अनाड़ी-सी दस्तक हुई। मुझे उस अजनबी औरत की इस हरकत पर हैरत हुई। मैं खीज कर बोला, "कौन है? क्या काम है?"

मिनमिनाते स्वर में उत्तर मिला—"माट्साब मैं हूँ। कुछ बात करनी थी आपसे।"

मैं झटके से उठा और दरवाज़ा खोल कर, त्यौरियाँ चढ़ा कर बोला—"क्या काम है?"

"बस दो घड़ी...। मेरी बात सुन लो मास्टर साब। मेरे बच्चे का दाखिला..."

''स्कूल की बात स्कूल में आकर करना। अभी जाओ।'' मैंने त्यौरियाँ ढीली नहीं कीं।

''सकूल...। वहाँ तो आपका चपरासी कालू अन्दर आने नहीं देता है।''

''ऐसा क्यों? तुम कौन हो? नाम क्या है?'' मैंने आशंका में सवालों की झड़ी लगा दी।

''बस हूँ एक बदकिस्मत। नाम तो कुरजां है...पर लोग तो...।'' उसकी आवाज़ कांप रही थी।

''इसी गाँव की हो? कहाँ रहती हो?''

''हाँ, अब तो इसी गाँव की हूँ। खारी बावड़ी के पीछे...। मसानघाट से थोड़ा पहले रहती हूँ।''

''ठीक है...। कालू को कह दूँगा...आने से मना न करे। कल स्कूल आ जाना, बच्चे को लेकर।'' उत्तर में उसने पलकें उठा कर देखा...नीले, ठहरे हुए सरोवर झिलमिलाए। रेगिस्तानी भटकावों और प्यास से त्रस्त मैं, मानो उन सरोवरों में कूद पड़ा।

उसके बाद, मुझे कुछ याद नहीं रहा कि मैं किन रास्तों पर आत्मविस्मृत होकर चलता चला गया और सूखी हुई खारी बावड़ी के किनारे असमंजस की स्थिति में खड़ा हुआ, कालू को मिला।

''वह अजीब से नाम की औरत...। कुरला...। अभी आगे-आगे ही तो चल रही थी...। कहाँ गायब हो गई?'' मेरी ज़बान लड़खड़ा गई।

''कौन कुरजां? वो डाकण रांड! डाकण याने कि डायन है...वो। कुछ समझे माट्साब?'' उसने मेरे ठण्डे हाथ थपथपाए। मैं संभला।

''मैं नहीं मानता यह बकवास...।''

''सारा गाँव जानता है उसे। आप नए हो...ना।''

''पागल हुए हो क्या? वह डायन कैसे हो सकती है...एक जीती-जागती जवान औरत।''

वह सच में ही पागलों की तरह दाँत निपोरने लगा, फिर ज़ोर से एक तरफ़ थूक कर आस्तीन से उसने अपना मुँह पोंछा और बड़बड़ाने लगा।

''हैडमाट्साब...तो बताओ, सारा घर चौपट खुला छोड़ के, खाने की

थाली में अधखाया कौर छोड़ के आप स्कूल की जगह इस सूखी बावड़ी की तरफ़ क्या लेने आये हो ?''

''हाँ, याद आया...। वह बता रही थी कि उसके लड़के को स्कूल में दाखिल कराना है, पता नहीं किस बेख़याली में...। बेखबरी में...मैं यहाँ...। ''

''बस साब जी, यही तो वसीकरण था...डाकण का।

''चुप रहो। भूल से भी यह बात कहना मत किसी से। मैं अपनी मर्ज़ी से ही चला आया था...।'' अपनी बेख़याली पर स्कूल में किस्सेबाजी हो, यह मैं नहीं चाहता था। मगर यूँ याद्दाश्त अचानक क्षीण पड़ जाये, ऐसा तो कभी नहीं हुआ। तो क्या कुछ देर को मैं सम्मोहित हो गया था ? हंह...। सुबह से खाली पेट रहने के कारण सर चकरा गया होगा या फिर...। क्या यह मोमेन्टरी मैमोरी लॉस था ? उफ़ ! उसके बाद, कल पूरे दिन सिर दुखता ही रहा था।

लेकिन आज वह स्कूल क्यों नहीं आई ? कालू को तो मैंने आगाह कर ही दिया था। कभी मिली तो पूछूँगा ज़रूर। सारे फ़र्श और बिस्तर को किरकिरा करके आँधी थम चुकी थी। इसी किरकिराहट के साथ अब जीना सीखना था।

सन्निपात के रोगी के से दिन थे वो,जब मेरा इस गाँव 'जींवसर' में हैडमास्टरी के लिए चयन हुआ था। घटनाओं के विस्तार में गया तो अवसाद में डूब जाने की संभावना है। बड़ी मुश्किल से संभला हूँ। बस, ये जानिए कि लम्बी बेरोज़गारी के चलते प्रेमिका ने कहीं और शादी कर ली थी। उम्र थी कि बीतती चली जा रही थी। घर में उपस्थित मेरा चेहरा पिता को तनावग्रस्त करता था, माँ को उदास। मैं अपनी परिस्थितियों से उकता कर सुन्न-सा कमरे में पड़ा रहता। उसी सुन्न मन:स्थिति में संक्षिप्त-सा सामान बाँध, अपने शहर से तीन सौ चालीस किलोमीटर की बस यात्रा के बाद पन्द्रह किलोमीटर की जीप यात्रा करके इस सीमावर्ती रेगिस्तानी गाँव में चला आया था। यह था, थार मरूस्थल का अन्दरूनी, पिछड़ा हुआ एक ऐसा इलाका जिसकी थाह पाना बहुत कठिन था। यूँ भी पश्चिमी सीमावर्ती इलाकों में मुकम्मल तौर पर बसे गाँव कहाँ होते हैं ? यहाँ अपने ही सन्नाटों से सिहरतीं, एकाकी हवेलियाँ होती हैं या फिर थोड़ी-थोड़ी दूर पर बसी ढाणियाँ होती हैं...। और होता है दूर तक फैला रेतीला विस्तार। ऐसी जगहों पर ज़िन्दगी बहुत लम्बी महसूस होती है, उम्र बस रेंगा करती है।

शुरू में, मैं बहुत अकेला महसूस करता था। जो किताबें अपने साथ लाया था, सब की सब पढ़ डाली थीं। मन घबराने लगा तो, मुझे लगा कि स्थानीय लोगों से मेल-जोल बढ़ाया जाए...। पर जल्द ही मैं जान गया कि गाँव के सम्पन्न लोग, बाहरी लोगों से मिलना-जुलना पसंद नहीं करते थे। आम गरीब लोग तो डरे हुए, भीरू किस्म के लोग थे। बरसों पहले समाप्त हो चुकी ज़मींदार प्रथा के बावजूद यहाँ के रावले के प्रति आतंकजनित सम्मान आम आदमी की रगों में बस गया था। मुझे रावले के दबंग पुरुषों को देख कर हैरत होती थी कि वे गाँव के आम आदमी से मिलने पर अब भी नज़राना स्वीकार करते थे। ''खम्मा घणी होकम।'' सरल ग्रामीण दुहरे हो जाते, मगर उनकी गर्दनें अभिमान से अकड़ी रहतीं।

इस गाँव के और इसके आस-पास की ढाणियों के निवासी बहुत ही पिछड़े हुए थे। उनकी अलग ही दुनिया थी, ऐसा लगता था कि कुछ साधनों—जैसे जीपों, ट्रांजिस्टरों के अलावा बाकि की दुनिया से वे पूरी तरह नावाकिफ़ थे। ये अंधविश्वासी देहाती हर किसी के रौब में जल्दी ही आ जाते। बिना किसी प्रयत्न के कोई भी आदमी अपने आपको 'सरकारी' बता कर उन पर अपना प्रभुत्व जमा सकता था। चपरासियों तक को वो खुदा समझते थे। पटवारी, तहसीलदार के तो पैर छूते थे। सीमा सुरक्षा बल के अफ़सरों-जवानों से वे दूर भागते थे। वे कुछ पूछताछ करते तो वे झुक-झुक कर उनके पैर छूने लगते मगर कुछ बताने के नाम पर खाली आँखों से ताकते। सीमा सुरक्षा बल के अफ़सरों को लगता था कि इस कस्बे की कुछ मुसलमान जनजातियों के तार सीमापार से जुड़े हैं, जो कि बड़े घाघ हैं, जिनसे कुछ भी उगलवाना कठिन है। लेकिन मेरे ख़याल से, नब्बे प्रतिशत लोग इस इलाके में ऐसे थे जो रोज़मर्रा की ज़िन्दगी चलाने के कष्टों के मारे ही सर नहीं उठा पाते थे तो वे ऐसा कब सोचते या कर पाते जो स्मगलिंग या जासूसी से जुड़ा हो। अपनी निर्दोषिता के बावज़ूद सीमा सुरक्षा बल के जवानों का डर उन्हें काठ किए रहता था। सीमा सुरक्षा बल की अपनी कठिनाइयाँ और कर्तव्य थे...। इस गाँव और ढाणियों के कुछ लोगों के खेत...भारतीय सीमा से बाहर भी पसरे थे...। कुछ जनजातियाँ दोनों सीमाओं के बीचोंबीच, न घर की न घाट की स्थिति में बसी थीं।

इस गाँव में गिनी-चुनी ही हवेलियाँ थीं, जो कि पुराने वणिक-व्यवसायियों

की थीं। इन हवेलियों को घेर कर कच्चे-पक्के-मकानों वाले मुहल्ले खड़े थे। जिनमें अन्य जातियों के लोग रहते थे। गरीब किसान, चरवाहे तथा जनजातियों के लोग समूहों में कच्ची ढाणियों में रहा करते। तेज़ हवाएँ इनके इन कच्चे झोंपड़ों के छप्पर मज़ाक-मज़ाक में उड़ा ले जाती थीं, मगर इनके रंगीले साफ़ों की बंधान ढीला करने में ये हवाएँ अक्षम रहतीं। मेहनती तो थे ये लोग, पर उनकी मेहनत रेत में से बस रेत ही उगलवा सकती थी। भेड़ों का दूध, ऊन, जीरा, ऊँट का चमड़ा, बाजरे के दो-चार बोरी दानों के बदले वे बाड़मेर जाकर ज़रूरत का अन्य सामान खरीद कर लाते। ये सीधे-सादे आचार-विचार के लोग आपस में एक-दूसरे के प्रति ईर्ष्यालु भी हो उठते। अनाज के दाने-दाने के लिए खून खराबा कर देते। पानी की बूँद के लिए औरतें बाल खींच-खींच कर झगड़तीं। प्राकृतिक विपदाओं से निरन्तर आक्रान्त उनकी संस्कृतियों में अंधविश्वासों ने गहरी जड़ें जमा रखी थीं। अंधविश्वास उनके आदिम आवेगों को कभी नियंत्रित तो कभी अनियंत्रित करता था।

मैंने फिर आज शाम कालू से उस 'डाकण' के बारे में पूछा था मगर वह मुँह फुला कर बैठ गया।

"उसे स्कूल में क्यों नहीं घुसने देते हो? सरकारी स्कूल सब के लिए होते हैं।"

"डाकणों की औलादों को स्कूल में रखोगे तो बाकि के लोग बच्चे भेजना बन्द कर देंगे।" वह चिढ़ कर बोला।

"कर दें मेरी बला से, कल से उसका बच्चा स्कूल आएगा। वैसे वो औरत है कौन? इसी गाँव की है?"

"आप मानते नहीं हो न साब जी, तो बताने का क्या फ़ायदा?"

मैंने बहुत पूछा मगर वह चुप रहा। खाना बना कर उसने चुपचाप थाली मेरे सामने रख दी। मैं जब खाना खाने लगा तो अनायास ही उसने बोलना शुरू कर दिया।

"आपने देखी थीं उसकी बिल्ली की नाईं हरी-नीली आँखें?"

"हूँ...।" मैं खाना चबाता रहा।

यहाँ का खाना तीखा है और पानी खारा। छह महीनों में भी मैं इन दोनों की

आदत नहीं डाल सका हूँ। ये कालू, मेरे स्कूल का चतुर्थ श्रेणी कर्मचारी, कहता है...।"साब जी, तीखा नहीं खाओगे तो इस भारी पानी को पचाना मुश्किल है। कब्ज़ हो जायेगी।"

तीखे खाने की वजह से मेरी नाक और आँखें बहने लगीं,उसने बिना ध्यान दिये बदस्तूर बोलना जारी रखा—"बहुत पहले, जिस साल यहाँ छोटी माता फैली थी, उसी साल जाने कहाँ से चली आई थी साब ये कुरजां डाकण। जब आई थी तब सबसे यही कहती थी कि रावले में उसका धणी, ठाकुर साब के यहाँ दो साल का बंधक मजूर बनके आया था...दो साल बीत गए, लौट के घर नहीं पहुँचा है। रावले में किसी ने घुसने नहीं दिया, ठाकर सा ने कहलवा दिया कि उनके तो...कोई बंधक मजूर नहीं है। कोई कहता जासूस था, कोई समग्लर बताता...जिसे बी.एस.एफ. वालों ने मार गिराया। पहले गाँव के मंगनियार लोगों की ढाणियों की तरफ़ अपनी गोद के बच्चे के साथ रहने लगी। जड़ी-बूटियाँ देती औरतों को, इलाज करती। विश्वास जीत लिया लुगाइयों का। मनमाना पैसा और घर-घर जाकर अनाज माँगने लगी तो औरतों ने मना करना शुरू किया...। फिर तो जो इसे मना करे उसके घर में बच्चे बीमार पड़ जाएँ, मौत हो जाये। मेरी ही औरत के जब तीसरा बच्चा होने को था तो हम देवता के यहाँ से लड़का होने की भभूत लाए...। ये रांड सामने पड़ गयी...कि तीसरी भी लड़की पैदा हो गयी। एक बार तो, यहाँ के रावले में ये डाकण ज़बरदस्ती पहुँच गयी। छोटे ठाकर सा के घर में पैली औलाद हुई थी, औरतें सूरज पूजने जा ही रही थीं...कि जो बालक ने रोना शुरू किया तो सांझ तक चुप ही नहीं हुआ, शरीर मरोड़ने लगा...आँखें फेर लीं। पैले तो ठाकुर ने इसे पैसे-वैसे देके बच्चे से टोटका हटाने को कहा, तो कहने लगी...मेरा टोटका नहीं है...। इस रावले के ही बुरे करमों की छाया है...। फिर तो ठाकुर सा ने अपने आदमियों से इसके सिर पे जो सौ जूते लगवाए तो...ये डाकण मानी और बच्चे पर से टोटका हटाया। बाद में खड़ी फ़सल का सारा जीरा काला पड़ने लग गया। जिसके खेत में देखो जीरा काला। फिर बड़ी ठकुराणीसा ने कहा कि इसे मारो मत, पता नहीं क्या सराप लगा दे ये करमफूटी औरत। बस गाँव के बाहर काढ़ दो। तब से इससे गाँव वाले कोई नाता नहीं रखते। ये खारी बावड़ी के पीछे, मसान के रास्ते में झोंपड़ा डाल के रहने लगी है। सुना,अब तो धीरे-धीरे इसने एक कोठरी पक्की करा ली है। कोई-कोई

इलाज, जादू, जंतर-मंतर, कराने वाली नीच, रांड-लुगाइयाँ चुपके-छाने अब भी जाती हैं। उनसे ये मनमाना पैसा लूटती है। गाँव के भले लोग उधर नहीं जाते। आप भी दूर ही रहना।''

''और इसका बेटा?''

''है ना...। आठेक साल का होगा। कभी-कभी दिखता है, बाज़ार में सौदा-सुलफ लेता हुआ। बड़ा तेज़ है। उलटे जवाब देता है। गालियाँ बकता है, इसकी माँ को कुछ कह के तो देखो!''

मेरी उत्सुकता अपने चरम पर थी।

उस दिन स्कूल में चल रहे दाखिलों के चलते हालाँकि खाना मैं शाम चार बजे खा पाया था, खाना खा कर लेटते ही उस आकर्षक चुड़ैल को लेकर मन में उत्सुकता कुलबुलाने लगी थी। मैं घूमता हुआ खारी बावड़ी की तरफ़ निकल पड़ा। मैं वहीं जाकर ठिठक गया, जहाँ उस दिन कालू ने मुझे आत्मविस्मृति की अटपटी हालत में पकड़ा था। हैरानी भी हुई कि उस दिन मुझे यह, यहीं पैरों के नीचे पसरी पगडंडी क्यों नहीं दिखाई थी...जो आज दिखाई दे रही है? लम्बी घास के बगल से, चुपचाप सरक कर जाती हुई पगडण्डी...यहीं-कहीं तो आकर वह डायन ओझल हो गयी थी। निश्चय ही रात को आयी आँधी के कारण यह घास लेट गयी है और पगडंडी स्पष्ट दिख पा रही है। मैं उसी पर बढ़ गया।

अचानक बढ़ते-बढ़ते, पैरों के नीचे बिछी भुरभुरी रेत, सफ़ेद और ठोस परत में तब्दील होने लगी। जैसे कभी यहाँ नमकीन पानी की झील रही हो। दरारें और लम्बा सफ़ेद रहस्यमय विस्तार...। यहाँ, कहाँ होगा उसका घर? इन हवाओं में या इस सफ़ेद ज़मीन के नीचे? या ताड़ के पेड़ों पर अटके चीलों के घोसलों में? जब मैं घूमा तो पीछे की ओर रेतीले टीले पर एक कच्चा-पक्का सा घर दिखा। घर के दरवाज़े अधखुले पड़े थे। मैं चलकर वहीं पहुँच गया। अन्दर कोठरी में उजाला बस नाम को था। उसकी आकृति खाट पर बैठी दिखाई दी।

''नमस्ते। मैं...।''

''कौन है?'' वह वहीं से गुर्राई।

''यहाँ क्या लेने आये हो?''

''अन्दर आ सकता हूँ...''

उसने मेरा चेहरा देखा तो आश्वस्त होने की जगह असमंजस में पड़ गयी। फिर हल्की सी मुस्कान के साथ बोली—''कहाँ बिठलाऊँ माट्साब तुम्हें अब? चिमगादड़ के मेहमान बने हो तो उलटा ही लटकना होगा, है कि नहीं?'' मैं अचकचाया...मैंने ध्यान दिया कि वह स्थानीय भाषा नहीं बोलती थी। यह तो उर्दू मिश्रित कोई अलग ही बोली थी।

''कहाँ है आपका बेटा? जिसका दाखिला कराना था।'' कह कर मैं अन्दर चला आया था।

''वह घर में कब टिकता है? अभी तक भेड़ें चरा कर नहीं लौटा।'' वह एक छोटी कमीज़ में सर झुकाए बटन लगाती रही, पाँच मिनट तक कोठरी में सन्नाटा हिचकियाँ लेता रहा, मैं सोच ही रहा था कि यूँ ही खड़ा रहूँ या चलने की इजाज़त माँग लूँ। तभी उसने दाँत से धागा तोड़ा और खाट से उठ खड़ी हुई।

''बैठो माट्साब।'' मैं बैठ गया।

''माँ...'' कह कर एक दुबला सा गोरा बच्चा हाथ में बबूल की संटी और एक गुलाबी रंग में रंगा भेड़ का मेमना लिये कोठरी में दाखिल हुआ।

''ये कौन?'' वह सहम सा गया।

''नहीं रे...डर मत ये हेडमास्टर साहब हैं स्कूल के।''

''इन्हीं को ला रही थीं तुम...कि ये गायब हो गये थे...''

''मैं गायब हो गया था? या ये...।'' मैं अचकचा गया। वे दोनों हँसने लगे।

''चाय नहीं पिलाएगी अम्मां मेहमान को?''

''भेड़ के दूध की चाय, ये पिएँगे?'' कह कर कुरजां कोठरी के शहतीर से टंगी एक टोकरी में से, कपड़े में बड़ी संभाल कर रखी चाय की पत्ती निकालने लगी।

चाय इतनी भी बुरी नहीं थी। इलायची की सुगंध में भेड़ के दूध की गंध दब सी गयी थी। चाय पकड़ा कर कुरजां बाहर चली गयी। हम दोनों चुपचाप चाय पीने लगे।

मैं बच्चे से पूछने लगा, ''स्कूल में पढ़ोगे?''

''हाँ।''

''नाम क्या है?''

“जुगनू।”

“कुछ पढ़ना आता है?”

“हाँ! एक से सौ तक गिनती...अपना नाम लिख लेता हूँ।”

वह बाहर से अन्दर आकर बोली, “हाँ, मगर उर्दू में...। चाय पी ली हो माटसाब तो रुख़्सत हो लो...। साँझ ढल गयी तो इस रेगिस्तान में रास्ता मिलना मुश्किल होगा। गोल-गोल भटकते यहीं दम तोड़ दोगे, इस खारी बावड़ी के फैलाव में।” बाहर से वह लम्बी रस्सी में पिरोये हुए, सुखाने को रखे नीलगाय के नमकीन मांस के टुकड़े बटोर कर लाई थी।

“नीलगाय का सूखा मांस खाते हो माटसाब? खाते हो तो ले जाओ।”

“नहीं। मैं मांस नहीं खाता।”

“जुगनू, तू भेड़ें संभाल। मैं छोड़के आऊं इन्हें, बाड़मेर की सड़क के इस पार तक।”

वह मुझसे पहले ही निकल कर पगडंडी पर चल पड़ी। मैं आगे बढ़ कर उसके साथ चलने लगा। कुछ दूर चल कर बेर की झाड़ियों से बनी मेड़ के सामने वह खड़ी हो गयी।

“वो जो पगडण्डी देखते हो, वही जो थूर के पेड़ों के बीच से जा रही है?”

“हाँ।”

“बस उसी पर सीधे चले जाना। बीच में एक भैंरू जी का थान मिलेगा, वहाँ से उल्टे हाथ पे मुड़ लेना। फिर रेत के धौरे शुरू हो जायेंगे उन पर चलते चले जाना। आगे तुम्हें बाड़मेर रोड मिलेगी...।”

“लेकिन आया तो मैं किसी छोटी पगडण्डी वाले रास्ते से था...!”

“वहाँ लम्बी घास में सांप छिपे रहते हैं, अंधेरा भी घना रहता है...। वहाँ भटक जाओगे, यह रास्ता इकहरा है, बस ज़रा लम्बा है।”

वह जब बायाँ हाथ उठा कर रास्ता दिखा रही थी तो मैं कनखियों से उस अनूठे चेहरे को देख रहा था। उसके चेहरे का कटाव स्थानीय ग्रामीणों से भिन्न था। वेशभूषा भी। वह हठात पीछे मुड़ गई, मैं उसे जाते देखता रहा। उसकी चाल में एक गर्व उत्सर्जित हो रहा था और एक शानदार फ़क़ीराना उदासीनता।

मुझे लगा इस विलक्षण रूप के चलते ही वह दन्तकथाओं और अटकलों से घिर गयी होगी।

मैं भटकता हुआ कमरे पर लौट आया। मेरा कमरा हवेली की पहली मंज़िल पर था। जिसकी पीली दीवारों में छोटे-छोटे कई आले थे और छत पर सुन्दर चित्रकारी की हुई थी, दरवाज़ों के ऊपर बने रोशनदानों पर रंगीन शीशों की फुलवारी सी बनी थी, सुन्दर, बारीक काम। पहली मंज़िल पर बने सारे कमरे ऐसे ही विशाल थे। मगर सब के सब खाली।

मैंने देखा, मेरे साथ ही दो चमगादड़ कमरे में घुस आयी थीं। लगातार हाँफती हुई मेरे चौकोर कमरे के चक्कर लगाने लगीं...मैं दरवाज़ा खोल कर रजाई ओढ़ कर लेट गया मगर वो हाँफ़ते-हाँफ़ते कमरे से बाहर निकलने की जगह रज़ाई पर ही फद्द से गिर पड़ीं। उस दिन खाने की थाली यूँ ही ढकी रह गयी। कमरा यूँ ही खुला रहा। मैं चमगादड़ों के उड़ने के इंतज़ार में रज़ाई में मुँह किये ही सो गया। सुबह मेरे जागने से पहले ही कमरे में आकर कालू बड़बड़ाने लगा—''मना करता हूँ साब जी को उस डाकण से दूर रहो। माने नहीं। गए उस तरफ़...। देखो, आज फिर दरवाज़ा खुला है और खुद बेहोस हैं। अरे बाप! कैसा ताप चढ़ा है।'' हल्की हरारत की वजह से उस दिन मैं स्कूल नहीं गया। कुरजां के बारे में सोचता रहा और अजीबोगरीब सपने देखता रहा।

जुगनू का दाखिला स्कूल में मैंने कर लिया था। अध्यापकों के बीच सुगबुगाहट और विद्रोह को मैंने महसूस किया लेकिन अपरोक्ष रूप से प्रार्थना के समय छात्रों को संबोधित करने के बहाने मैंने अपना संदेश संप्रेषित कर दिया था कि इस विद्यालय में मैं किसी किस्म के जातिवाद, छुआछूत और अंधविश्वास को सहन नहीं करूँगा। जुगनू की कोई तरतीबवार पढ़ाई तो हुई ही नहीं थी सो आठ वर्ष का होने के बावज़ूद उसे दूसरी कक्षा में डाला गया...। जिसका पाठ्यक्रम भी उसके बस के बाहर था। किसी अध्यापक से उसकी तरफ़ अतिरिक्त ध्यान देने को कहना व्यर्थ था, सो मैंने उसे शाम के समय अपने कमरे पर आकर एक घण्टा पढ़ने के लिए कह दिया।

जुगनू का बातूनीपन अब उजागर होने लगा था। उसके पास स्थानीय रेगिस्तान को लेकर अद्‌भुत जानकारियाँ थीं। चाहे वो रेतीले साँपों के नाम हों... या रेगिस्तानी लोमड़ियों के व्यवहार की जानकारी हो। लेकिन उसे पढ़ाने में मुझे

भी पसीने आ जाते। पढ़ते-पढ़ते वह न जाने कौन-कौन से कुतूहल उठा लेता...। शहर कैसे होते हैं? वहाँ कितने लोग रहते हैं? कभी दुखी होकर वह अपनी माँ की बात करता...कि गाँव के लोग उसकी माँ को डाकण, कुत्ती रांड और जाने कितनी गंदी गालियाँ बकते हैं। बारिश हो और रुके ना तो भी उसकी माँ का टोटका कहते हैं, न हो तो...फिर तो है ही उसका जादू-टोना। कभी कहता, वह बड़ा होकर माँ को शहर ले जाएगा। जहाँ उसकी माँ को कोई नहीं जानेगा। न डाकण कहेगा।

कभी जुगनू के पढ़ने न आने पर, मुझे उसके झोंपड़े में जाने का बहाना मिल जाता। रेगिस्तान और बेरों की झाड़ियों से घिरा उसका ठिकाना और लोगों की उसके बारे में तरह-तरह की भ्रान्तियाँ...। उसके इर्द-गिर्द एक रोमांचक प्रभा मण्डल बुनती थीं। मैं जुगनू से मुखातिब होकर अप्रत्यक्षतः उससे बातें किया करता।

''इस उजड़े, वीरान रेगिस्तान में अकेले रहते डर नहीं लगता?''

''डर क्यों माट्साब? यहाँ शेर-चीते नहीं रहते...।'' जुगनू उदासीन भाव से कंधे उचका देता।

''मेरा मतलब जानवरों से नहीं था...। रेतीले तूफ़ानों से था। निर्जन में अकेले रहना...। मुसीबत पड़े तो कोई सहायता के लिए भी न आ सके।'' कहता मैं जुगनू से था पर देख मैं उसकी माँ को रहा होता था।

''हमारे लिए यही अच्छा है कि वे लोग मुझे और जुगनू को अकेला छोड़ दें...। लेकिन...।'' कुरजां के होंठों के टांके टूटते।

''लेकिन...क्या?''

उस दिन वह चुपचाप सिर मोड़ कर खिड़की के बाहर देखने लगी थी। वह शांत रहने का भरसक उपक्रम कर रही थी। उसकी आँखें बाहर जमी हुई थीं और भृकुटियाँ क्रुद्ध मुद्रा में एक-दूसरे के समीप सिमट आईं।

''वही पुलिस का दरोगा और बी.एस.एफ. के भूखे भेड़िए।''

''उनका तुमसे क्या लेना?''

''अकेली औरत गोश्त की भुनी हुई नमकीन बोटी से ज़्यादा क्या होती है! मेरे घरवाले को तो ज़बरदस्ती ही समग्लर-जासूस करार कर दिया...। जबकि

वह मरा तो यहीं रावले की बेगारी में है। दरोगा को रपट लिखने को कहा तो वह उल्टा मुझे ही तंग करने लगा।'' उसने फूत्कारते हुए समूची कटुता जवाब में उंडेल दी।

''...।''

''माट्साब हमारे पुरखे घुमंतु कबीले के थे,कभी इस पार तो कभी उस पार...। न हिन्दू, न मुसलमान...जान की सांसत लगी रहती थी...बॉर्डर के आस-पास रहने में सो...एक जगह बसने के इरादे से वो' रावले आया था। एक हज़ार का करार था दो साल की बंधक मजूरी का...। वो लौटा ही नहीं। न पैसा भेजा...। उसका एक साथी भाग आया, उसी ने खबर दी कि उसका कुछ सुराग नहीं है। मैं अपने पीहर में इस पार ही थी...। कोसों पैदल चल के जींवसर आई...। उसके इंतज़ार में तब से यहीं हूँ। अपना और बच्चे का पेट पालने को अपने कबीले का हुनर आज़माती रही। वही तो मेरे खून में था। साँप और पागल कुत्ते के काटे का ज़हर उतारना, जड़ी-बूटी करना, किस्मत बाँचना, बुरे साए उतारना। हमारे कबीले की औरतें वैद-ओझों का हुनर जानती हैं। जींवसर के गंवारों ने रावले की शह में मुझे डाकण ही बना डाला।'' आँसू उसकी आँखों में खून की तरह उतरे थे पर वह रोई नहीं। पी गई। उसकी यही बात मुझे विशेष रूप से प्रभावित करती थी...। उसका अपने आप पर अटूट विश्वास।

मेरे इस तरह, उसके झोंपड़े में पहुँचने पर वह हमेशा शांत और सौम्य रहती...। अपने कामों में मसरूफ़। किन्तु न जाने, उसकी किन भंगिमाओं से मैं यह जान गया था कि उसे हल्की-सी खुशी होती है, मेरे आने की। कभी-कभी हमारे बीच अजीब से मूक क्षण आ जाते जब अनायास हमारी आँखें चार हो जातीं। ऐसे में उसकी नीली आँखों में हल्की नमी घिर आती और उसकी कनपटी के पास उभरी पतली नीली नस हल्के-हल्के सिहरने लगती। ऐसे ही पलों में,उसके प्रति मेरा कुतुहल अपनी पराकाष्ठा पर पहुँच जाता।

''कुरजां, यह नाम पहले कभी नहीं सुना...क्या मायने हैं इसके?''

''कुरजां एक पंछी होता है...मोर जैसा बड़ा। चमकते सुरमई पंख, काली कलगी...। आँख के पास सफ़ेद घेरा। आपने देखा नहीं? इसके गीत नहीं सुने? कहते हैं, जाड़े की चाँदनी रातों में ये पंछी जन्नत से उतर कर रेगिस्तानी झीलों के किनारे बड़ी तादाद में डेरा डालते हैं...जाड़े भर रह कर फागुन आने पर उड़

जाते हैं। माँ कहती थी कि कुरजां एक ही बार जोड़ा बनाते हैं ज़िन्दगी में, वो जोड़ा टूटे तो अकेले, झुण्ड से अलग यहीं छूट जाते हैं, फिर जन्नत नहीं लौटते, धीरे-धीरे गरम रेत पर जान दे देते हैं।'' कहते हुए उसके चेहरे पर उदासी का सुरमई-रुपहला रंग उभरा तो आँखों के नीले सरोवरों पर धुंध छा गयी।

''जड़ी-बूटी के इलाज के अलावा तुम क्या करती हो?...। जादू-टोना, मेरा मतलब बुरी आत्माएँ उतारना या अच्छी आत्माएँ बुलाना?'' मेरे इस गुस्ताख सवाल पर वह हिचकी। उसने मेरी आँखों में ताक कर मेरा इरादा भाँपना चाहा, जाने क्या भाँपा कि आश्वस्त होकर बताने लगी—

''नहीं, मैंने वह हुनर नहीं सीखा। बहुत पहले किसी के बहुत ज़िद करने पर मेरी माँ बुलाया करती थी...अपने जिस्म में किसी की रूह को...और बहुत पैसे लेती थी...। बल्कि सोना...अंगूठी या बाली...। लेकिन उसके बाद महीनों उसका दम निकला रहता, वह पस्त रहती...। आवारा रूह उसके जिस्म में बेलौस भटक कर उसे बेदम कर जाती थी। मैंने सीखना चाहा पर उसने मने कर दी...जवान, कुंवारी लड़कियों को यह सब नहीं सिखाया जाता था। हमारे कबीले की बूढ़ियाँ ही ये सब किया करती थीं।''

''तुम बता रही थीं तुम भाग्य भी बांचती हो?''

''अब यह सब कौन मानता है माट्साब।''

''मेरा देख के बताओ न!''

''क्या करेंगे जानकर? पता नहीं, माँ के दिए वो ताश के पत्ते मैंने कहाँ रख छोड़े हैं। याद नहीं।''

''अम्माँ मैं लाऊँ? वो, वहाँ उस डब्बे में रखे हैं।'' पढ़ता हुआ जुगनू बीच में उचका और टांड पर रखे एक पुराने टिन के डब्बे में से मैले-कुचैले ताश ले आया...

''देखो न अम्माँ...'' जुगनू उत्साह में था।

उसने अनमने मन से कुछ बुदबुदा कर तीन ताश निकाले...

''कुछ रखिए इस पर...सिक्का...''

मैंने जेब से पचास का नोट निकाल कर उसकी हथेली पर रख दिया।

उसने आँखें मूंद लीं, फिर हथेली पलकों के पास ले जाकर पत्ते खोले...।

एक सम्मोहन में डूब कर, सपाट स्वर में बोलने लगी—''तुम अच्छे हो मगर दिल के कमज़ोर। सोचते बहुत हो। ज़रा-ज़रा सी बात दिल से लगा बैठते हो। पैसा कमाओगे पर बचेगा नहीं। माँ-बाप के प्यारे हो पर उनके गम के बाइस ही बनोगे। जल्दी ही जगह बदलोगे। मतलब यहाँ से तबादला होने के आसार हैं। पैरों में फेरा है, घूमते रहोगे यहाँ से वहाँ। बहुत बूढ़े होकर नहीं मरोगे।''

''कहो न, जल्दी ही मर जाओगे।''

''नहीं, न जल्दी न देर में।''

''हह...। ये तो आम बातें है जो कोई भी बता दे।'' मैंने मज़ाक बनाया।

वह उदास हो गयी। फिर धीरे से बोली। ''एक खास बात भी है।''

''क्या? इश्क-मोहब्बत की?''

उसने इनकार में सिर हिलाया। पलकें उठा कर संजीदगी से बोली।

''तुम ताज़िन्दगी कुंआरे रहोगे।''

''अच्छा!'' मैं हँसी उड़ाने के लहज़े में बोला।

''मत मानो।''

''अच्छा तुमने कभी अपना भविष्य नहीं देखा।''

''हमसे तो भाग्य का देवता रूठा ही रहता है, दूसरों के भाग बाँचने वाले उसे दूसरों की खातिर इतना नींद से जगाते हैं कि खुद किस्मत बाँचने वाले सदा दुखी रहते हैं।''

कुछ दिनों बाद ही रेबारियों की बस्ती में आखातीज के मौके पर सामूहिक विवाह की रस्म का एक बड़ा आयोजन होना तय हुआ, ठाकुर साब और गाँव के प्रतिष्ठित लोगों के साथ मेरे नाम का भी बुलावा आया था। मैं हवेली के चौकीदार को जगे रहने की हिदायत देकर रावले में चला आया। वहाँ से ठाकुर साहब और उनके लवाजमे के साथ मैं भी पहुँचा रेबारियों के मोहल्ले में। ठाकुर साहब का स्वागत रस्म के अनुकूल हुआ। वही, उनको खम्मा घणी करके नज़राना पेश किया जाना...। नज़राने में, चाँदी के कुछ सिक्के। पैर छुए जाना-हाथ चूमा जाना। मुझे वितृष्णा हुई। इनके सामंतवादी मिजाज़ कब बदलेंगे आखिर?

तम्बू बँधा था और अंधियारे मुहल्ले में गैस के हण्डों की रोशनी की गयी थी। इन हण्डों के जगर-मगर प्रकाश में गरीब रेबारियों का अभाव और

उस अभाव में बरसों से जी रहे लोगों के चेहरे पर स्थायी तौर पर रहने वाली बेचारगी उभर कर सामने आ रही थी। मैंने महसूस किया, उनके इन अभावों और बेचारगी के समक्ष, मेरे इर्द-गिर्द बैठे तथाकथित प्रतिष्ठित चेहरे भौंडे और हास्यास्पद लग रहे थे। जल्दी ही पण्डाल नए कपड़ों में सज्जित छोटे-छोटे दूल्हों से भर गया। उनमें से कई अपने पिता के कन्धों पर ऊँघ रहे थे या फिर माँ की गोद में बैठे अँगूठा चूस रहे थे। कुछ थोड़े बड़े थे सो अपनी छोटी तलवारों या कटारों से खेल रहे थे, खिलखिला रहे थे। मेरा मन कहीं आहत हुआ कि मैं एक सरकारी कर्मचारी होते हुए इस गैरकानूनी प्रथा में शरीक हुआ हूँ। ठाकुर साहब की बगल में बी.डी.ओ. और प्रधान बैठे विदेशी मदिरा का आनन्द उठा रहे थे। उधर दरोगा और पटवारी रेबारी औरतों पर अश्लील टिप्पणी करके हँस रहे थे। ऊब और उदासी की अपरिचित-सी अनुभूति मेरे मन पर घिर आई। नेपथ्य में कहीं बजने वाले ढोल की निरन्तर थाप मेरे दिमाग में पीड़ादायक रूप से प्रतिध्वनित हो रही थी। मैंने स्वयं से पूछा—"मैं यहाँ क्या कर रहा हूँ?"

मेरा मन कचोट उठा, तो मैंने हठात् ठाकुर साहब से पूछ ही लिया, "ये तो बाल-विवाह है, ठाकुर साहब। अब तो..."

"हेडमास्टर साहब, आप तो अपणा मुँह बंद करके इनकी मेहमाननवाज़ी का आनन्द लो। ये तो अपनी पुरानी परंपराएँ हैं...इन्हें मिटाणा मुश्किल है। हमारी तो खुद की सादी थाली में बैठी दो साल की दुल्हन से हुई थी। अब हमारे बच्चे बाहर पढ़णे लगे हैं तो देर से ब्याव करते हैं...पढ़ी-लिखी बहुएँ आ गयी हैं तो उन्होंने गाँव आणा ही कम कर दिया है। रावले-हवेलियाँ तो सूने पड़ गये हैं...। ये परंपराएँ अब गाँव के इन मोहल्लों में ही बची रह गयी हैं। इन गरीबों के बहाने हमारी अपनी प्रथाएँ और संस्कार बचे हुए हैं।"

मैं चुप रह गया। तभी शोर उठा और नन्ही-नन्ही दुल्हनें थालियों में बाहर लाई गयीं। चाँदी के अनगढ़ जेवरों से लदीं, नए घाघरे-ओढ़नी में, बेहाल, रोती, ऊँघती। गैस के हण्डों की रोशनी में बहुत ही अनोखा दृश्य बन पड़ा था सामूहिक फेरों का। कहीं दूल्हों के पिता और कहीं दुल्हनों की माँएँ उन्हें गोद में लेकर फेरे फिरा रहे थे। सजे-संवरे, गठरी बने मासूम बच्चे अपने भविष्यों और गृहस्थी की समस्याओं से बेखबर नींद में डूबे या निंदासे, अधजगे फेरों के साथ घूम रहे थे। औरतें मंगलगीत गा रही थीं।

तभी भीड़ बना कर खड़े बच्चों के एक झुण्ड पर मेरी नज़र गयी जो शादी में आमंत्रित तो नहीं थे पर तमाशबीन बने खड़े थे। उनसे थोड़ी दूर पर पण्डाल के एक खम्भे से लगा...अकेला झाँकता हुआ जुगनू भी खड़ा दिखा। हल्की-हल्की ठण्ड में भी केवल एक बनियान और पाजामा पहने वह बाल विवाह के तमाशे को देख रहा था, उसकी मासूम आँखें चमक रही थीं...उसके हमउम्र दूल्हों की नई पोशाकें, तलवारें...। थालियों में बैठी उनकी नन्ही-मुन्नी दुल्हनें! मेरी नज़र विवाह के शोरगुल से हट कर अब जुगनू पर केन्द्रित थीं...क्या सोचता होगा यह बच्चा? स्कूल, मोहल्ले, गाँव से निष्कासित, एकाकी...शापित बचपन। फिर मेरा ध्यान हट कर उसकी माँ पर जा टिका। दो नीले सरोवरों का नखलिस्तान! मेरे मन में हूक-सी उठी। तभी महिलाओं की तरफ़ से एक शोर गूँजा, "अरे या डाकण अठै...। रांड मर अठा सूं...। अठै कई कर री है थूं?" एक बुढ़िया ने चीख कर, उस पर अपने हाथ का डण्डा फेंका।

"काकीसा बालक है, शादी की रौनकें देखी तो इधर भाग आया, इसी को लेने आयी थी।" वह हड़बड़ा गई। कुछ ही पलों बाद मैंने देखा...। कुरजां जुगनू का हाथ खींचती हुई वहाँ से चली जा रही थी। अपमान के दंश से तिलमिला कर उसने ब्याह का तमाशा देखने की ज़िद करते नन्हें बच्चे के गाल पर दो तमाचे जड़ दिए थे।

ठाकुर साहब और उनके लवाजमे का खाना तो छुआछूत की वजह से, स्वयं ठाकुर साहब के घर से आए बामण ने बनाया था। बाकि लोगों का खाना पीछे कहीं बन रहा था। खाना खाकर मैं जल्दी ही लौट आया और देर रात तक बैठ कर कुछ ज़रूरी कागज़ात और फ़ाइलें निपटा रहा था। तभी कालू भागता हुआ आया, "साब जी जल्दी चलो, रेबारियों के ब्याव में डाकण के आने से खाना ज़हर हो गया। लोग उल्टी-दस्त कर रहे हैं। कितनेक तो बेहोस हैं। कुछ बच्चे तो लग रहा है के...नहीं बचणे के साब जी।"

मैं भागता हुआ अस्पताल पहुँचा, जो कि लोगों से अटा पड़ा था। डॉक्टर लम्बी छुट्टी पर था, ठाकुर साहब के होते हुए पास के कस्बे से दवाइयाँ और डॉक्टर को लाने का प्रबंध न हो सका। इतने हंगामे और खबर भेजे जाने के बावजूद वे गीदड़ की तरह चुपचाप रावले नामक अपनी नांद में दुबके रहे। कहलवा दिया कि जीप में पेट्रोल नहीं है और स्वयं ड्राइवर शादी का खाना

खा कर बीमार हो गया है। कुछ दूसरे लोगों ने और मैंने पैसे जमा करके जीप मंगवाई, जब तक पास के कस्बे से डॉक्टर आता, गाँव के कंपाउंडर ने कमान संभाल ली थी। मैंने कालू को भेज कर प्राथमिक चिकित्सा जानने वाले स्काउट छात्रों को बुलवा लिया। स्वयं भागा स्कूल से फर्स्ट एड बॉक्स लाने, जिसे हाल ही में मैंने ज़रूरी दवाओं और सामानों से भरवाया था। रात भर जाग कर भी दो नन्हे दूल्हों और चार साल की एक दुल्हन को और एक बुड्ढे को नहीं बचाया जा सका। लोग आहत थे, क्रुद्ध थे। गलती बासी माँस पकाने वालों की थी। निष्क्रियता और गैरज़िम्मेदारी दिखाई थी सरकारी तंत्र ने और रावले में रहने वाले गाँव के तथाकथित मालिकों ने, जिनके सारा गाँव पैर पूजता था...। लेकिन गालियाँ मिलीं गाँव से निर्वासित डाकण और उसकी औलाद को। अगले दिन जब ठाकुर साब अपने लवाज़मे के साथ पधारे, मैं अस्पताल में नहीं था। कहते हैं, बात फिर उठी थी अपशकुन की और डाकण के गाँव में देखे जाने की। गाँव के जवान लड़के शायद ऐसे ही किसी मौके और दुष्प्रेरणा की तलाश में थे।

अगले दिन भी लोगों की हालत में सुधार की गति धीमी थी पर हालात काबू में थे। मैं रात...यारह बजे के करीब अस्पताल से लौट रहा था। कालू मेरे साथ था, टॉर्च पकड़े। घनी निस्तब्धता में मोर की आवाज़ ऐसी लग रही थी मानो वह कोई दुख भरा भेद छिपा रहा हो। शादी-ब्याह के घरों से उठी उन विकल पुकारों से पीछा छुड़ाना मुश्किल जान पड़ रहा था।

''देखा साब डाकण का काम...। देखी थोड़े ही गयी उससे गाँव की खुसी...। कहती थी इसी गाँव में गायब हुआ है उसका घरवाला...''

''चुप रहो। बासी मीट खाने की वजह से हुई मौतों का संबंध तुम किसी औरत के श्राप से कैसे जोड़ सकते हो? उससे नाराज़गी है तो रावले से, आम गाँव के लोगों से उसका क्या लेना? उसके डाकण होने की बात हो न हो इन ठाकुरों ने ही फैलायी है...क्योंकि उसका घरवाला रावले में बंधक मज़दूर था। वहीं से वह गुम हो गया। जाने ज़मीन खा गयी कि आसमान निगल गया या इन्हीं ठाकुरों ने...। मियाद पूरी होने पे...''

''नइं साब...शुरू से मैं इसे जानता हूँ। जब से ये औरत गाँव में आई थी तभी औरतों के दिमाग फिरने लगे थे, रांडें इसके पास बच्चा गिराने की दवा लेने जाने लगी थीं। एक-दूसरे के बच्चों पर टोने-टोटके कराने लगी थीं। तास के

पत्तों से भाग बांचणे के नाम पे ये ठगिनी उन्हें बहकाने लगी थी।''

''अरे! बंजारन औरत है, जड़ी-बूटी का काम जानती होगी...फिर खाने कमाने के लिए इसे कुछ तो करना ही था न!''

''पता नहीं साहब...।''

''आज तो मौत को इतना पास से देख लिया तूने...। जब मौत आती है तो यह शरीर ही एक-एक साँस के लिए लड़ता है। जब पेट में ज़हर होता है तब न भैरूं जी, न बाला जी काम आते...। तब किन्हीं चुड़ैलों का जादू-टोना भी नहीं काम आता...। काम आता है नमक का खारा पानी...। और पेट की सफ़ाई। इंजेक्शन और ग्लूकोज़। माँस के बासी होने की रिपोर्ट तो आज डॉक्टर ने खाना जांचते ही दे दी थी। सुबह से भैंरूजी के थान पे कटा भैंसा परातों में खुला पड़ा रहा...। शाम को पकाया गया तो ज़हर तो फैलेगा ही ना।''

''सर्दियों में तो...।''

''कालू जी...। माँस कटते ही धीरे-धीरे सड़ना शुरू हो जाता है। चाहे सर्दी हो या बरसात...।''

पता नहीं कालू के दिमाग में मेरी बातें घुसीं कि नहीं पर उसने आगे बहस करना बन्द कर दिया था। टॉर्च लेकर वह आगे-आगे चलता रहा। अचानक बोला, ''ठाकर साब ने हरी झण्डी दे दी थी, गाँव के छोरों को...डाकण को निकाल बाहर करने की।''

''क्या? किसे?'' वह चौंका।

''वो कुरजां डाकण को।''

''फिर से कहो?'' मैंने उसे कन्धों से पकड़ कर झकझोर दिया। वह सकपका गया।

''चलो मेरे साथ।'' हम दोनों लगभग दौड़ते हुए कुरजां के ठिकाने पर पहुँचे।

चाँदनी का फीका आलोक झोंपड़ी की टूटे केवलू की छत में से रिसता हुआ, चमकीली कटी चिप्पियों की शक्ल में कुरजां के आधे उघड़े, भूरे घायल शरीर पर छिटका हुआ था। ऐसा लग रहा था, वह किसी मंच पर पड़ी है...अंतिम दृश्य में...और उसे घेर कर प्रकाश डाला गया है...उसके पीछे केवल अंधकार

था। हमारी आहटों से सहम कर उसने अपना बायाँ हाथ आँखों पर रख लिया। अपने फटे कपड़ों को ढकने लगी। उसके गालों और गले के पास खरोंचों के गहरे निशान थे...। दायीं भौंह के पास से कट गया था जहाँ खून जम कर काला पड़ गया था। तभी मेरे पैरों से कुछ टकराया।

"अरे! ये जुगनू को क्या हुआ?" कुरजां के पैरों के पास जुगनू अचेत पड़ा था, उसकी कनपटी के पास से लहू बह बह रहा था।

कालू यह दृश्य देखकर अवाक् था। रोशनी के अनजाने वृत्त में पड़ी कुरजां का राख पुता चेहरा, ठहरी हुई नीली पुतलियाँ...फटा ओढ़ना...चिथड़ा घाघरा...। लगभग फाड़ कर फेंक दी गई कुर्ती के अवशेष...। बाँई भौंह के पास बहता हुआ खून।

वह उठ बैठी। हमारे सवालों का कोई उत्तर नहीं था वहाँ...। वह खामोश थी...। कुरजां की खामोशी और तटस्थता कालू को सिहरा रही थी। शायद अब उसे समझ आ रही थी एक निरीह चुड़ैल की विवशता।

"कालू, उठा इस बच्चे को, अस्पताल चलें...।"

"नहीं। अस्पताल नहीं।" कुरजां ने मेरा हाथ थाम लिया।

"बच्चा मर जायेगा।" मैं फुसफुसाया और वह मेरा हाथ थामे सिसकने लगी।

"ये ठीक़ ही कहती है, अस्पताल जाना ठीक नहीं है माट्साब। वहाँ लोग इसे देख कर और पागल हो जाएँगे।"

कालू ने बच्चे के घाव साफ़ करके, फ़र्स्ट-ऐड बॉक्स में से पट्टी निकाल कर बाँधी और हवेली जाकर मेरी अलमारी में रखी ब्राण्डी ले आया और उसकी छाती की मालिश करने लगा। कुरजां को मैंने अपना दुशाला दे दिया था। वह फिर से वहीं फ़र्श पर ढह गयी। जुगनू अचेतावस्था में कराहता रहा। कालू को मैंने वहीं रुक कर बाहर पहरा देने को कह दिया था सुबह होने तक। मेरा वहाँ रुकना ठीक न होता।

मैं हवेली में पड़ा रात भर जागता रहा, कुछ समझ नहीं आ रहा था। अनेक संकल्पों और विकल्पों की शरण में जाकर भी मन कोई हल नहीं ढूँढ पा रहा था। पौ फटते ही मैं वहाँ जा पहुँचा। कालू बाहर ही बैठा मिला। मैं अन्दर गया,

जुगनू को होश आ गया था। कुरजां ने गठरी संभाल रखी थी और दुशाला कस के देह पर लपेट लिया था।

"कहाँ जाने की तैयारी है?" मैंने पूछा।

"कालू भाई जी से कहें...हमें पाणेरी के बस स्टैण्ड तक छोड़ के आएँ।"

"कहाँ जाओगी बहन?" कालू अन्दर आ गया।

"पता नहीं....अब इस गाँव में रहना नहीं हो सकेगा।"

"क्यों? कल रात जो कुछ तुम्हारे साथ हुआ है, उसकी शिकायत नहीं करेंगे हम सदर थाने जाकर?" मैं आवेश में आ गया।

"कौन-सी पुलिस...कौन-सा थाना माट्साब, सब तो रावले का हुकम बजाते हैं?"

"...।"

"कल रात मेरे साथ जो हुआ, उसकी परवाह नहीं...। पहले भी रात को दरवाज़ा खटकाते थे, रावले के हाकम, बी.एस.एफ. के जवान...खुद पुलिस के दरोगा...। बत्तीस दांतों के बीच जबान की तरह कैसे बची, मैं ही जानती हूँ। पर गाँव के छोरों ने पहली बार हिम्मत की...। भेड़ें भगा दीं। मुर्गियों के टपरे में आग लगा दी। मेरे कपड़े फाड़े...। बदसलूकी की...मेरी छोड़ो, जुगनू के साथ जो हुआ उसने मेरी हिम्मत तोड़ दी है माट्साब। कितना मारा उसे, टाँगों से उठा कर गोल घुमा के ज़मीन पे छोड़ दिया।" कह कर वह पीड़ा से सिसक उठी। एक खामोशी में उसकी हल्की सिसकियाँ गूँजती रहीं। उधर जुगनू की भी कराहटें बढ़ती जा रही थीं।

अंततः कालू ही समस्या का हल लेकर हमारे सामने खड़ा था।

"मेरी समझ से तो...आज दिन किसी तरह ये यहीं काटे, रात होते ही मैं और आप चलकर इनको मेरे गाँव के खेत पर बने कच्चे घर में छोड़ आएँ। मेरा गाँव, यहाँ से बस पन्द्रह कोस पर है। मामला निपटने तक ये वहीं रहें। फिर आप जानें या ये जानें...बस पुलिस के झंझट से मुझे दूर रखना साब जी।"

बहुत राहत तो मिली थी मुझे, कालू की इस व्यवस्था से पर मैं जानता था, यह स्थायी व्यवस्था नहीं थी। मैंने कुरजां को लेकर उस रात गंभीरता से सोचा...उसके स्थायित्व को लेकर, जुगनू को गोद लेने की औपचारिकताओं

पर। अब वक्त नहीं लगा मुझे निर्णय लेने में, सुबह स्कूल पहुँचते ही मैंने जींवसर से तबादले और लम्बी छुट्टी पर जाने की अर्जी डाल दी थी। इसी शाम को ही मैं कुरजां को अपना निर्णय बता कर, उसकी भविष्यवाणी को गलत साबित करने की चुनौती देकर उसे चौंकाने वाला था।

"चले गये वो दोनों...।" शाम पाँच बजे मैं स्कूल से निकलने की तैयारी में ही था। तभी कालू अपना क्लान्त चेहरा लिए आ खड़ा हुआ।

"कहाँ?"

"पता नहीं?"

"झोंपड़ी खाली मिली। पाणेरी के बस स्टैण्ड भी गया मगर वहाँ नहीं थे। एक जान-पैचाण वाला मिला, वो बता रहा था कि उसने दोफैर में डाकण को जाते देखा था, छोरे के साथ बस में। बाड़मेर की तरफ़...। ये तास के पत्ते वहाँ बिखरे पड़े थे।"

मैंने वो ताश के पत्ते उससे छीन लिए, बेहद पुराने, साधारण ताश के पत्ते। मैं उन्हे बेचैनी से पलटने लगा।

"डायन कहीं की,अपना कहा सच करके चली गई।" हताशा और गुस्से में मैं चीख पड़ा, कालू आश्चर्य से मुँह खोले मेरे चेहरे को ताकता रह गया।

उसके बाद मैं वहाँ छः महीने और रहा। जैसा कि मैंने पहले ज़िक्र किया था, समय वहाँ बहुत लम्बा होता है।...वहाँ कोई घन्टे नहीं गिनता, न वर्ष। वहाँ मौसम ही नहीं आते...। न बसन्त...। न बहार। मैं जब तक वहाँ रहा, एक अनंतता में जीने का पुरज़ोर यकीन बना रहा। लौटा तो लगा, मैं अपना एक जीवन वहाँ छोड़ आया था।...

कहानी तो यहीं खत्म हो गयी थी। उसकी इस कहानी की फ़ाइल के पीछे, मुझे एक छोटा नोट मिला—"स्मृति द्वारा वापस लाकर अतीत की चीज़ों को मोटे तौर पर देखना और बात करना तो आसान है, डॉक्टर...। पर बारीक कहानी बुनना, अतीत की आवारा रूह को अपनी देह पर बुलाने जैसा होता है। मैं बहुत पस्त मगर मुक्त महसूस कर रहा हूँ। अब सोऊँगा।"

नींद में ही चला गया था वह दुनिया से। बहुत दिनों तक उसकी अनुपस्थिति मेरे मन में एक उलझी कहानी-सी अटकी रही।

अवक्षेप

कहानी लिखना क्या आसान काम है?

रवीन्द्रनाथ टैगोर के अनुसार 'रचना का जन्म लेना और प्रसवपीड़ा एक समान है।' मेरे लिये तो यह और भी दुष्कर है। मेरे लिये कहानी लिखना स्वयं जन्म लेता हुआ शिशु होना है। अनजाने फिसलन भरे रास्तों पर, अनजाने दबावों और खींचतान के बीच अजनबी जगह पर, अनजाने ठण्डे हाथों में उतर आना है कहानी लिखना। कम-से-कम इस बार तो यही महसूस हुआ है। स्वानुभूत कहानी हो तो कहानी लिखना सूखते खुरंटों को उखाड़-उखाड़ कर हरा करना है। कल्पना या फन्तासी हो तो कहानी लिखना अवचेतन की गुह्य अनदेखी गलियों से गुज़रना है। कहानी लिखना कोकून में कैद कीड़े का अपनी ही बनाई कैद से तमाम जद्दोज़हद के बाद बाहर निकलना है। मुझे नहीं पता यह कहानी कल्पना है या सत्य? फन्तासी है या अर्धसत्य? मेरे जीवन से उलझ कर गुज़र गई कोई घटना है या मन पर पड़ा कोई अतीत का निशान! मुझे सच में नहीं पता। जब से इसे लिखना शुरू किया तब से मैं सोते-जागते इसी कहानी की प्रेतबाधा से ग्रसित हूँ। इसे लिखते-लिखते मैं स्वयं अनिद्रा की शिकार हो गई हूँ...। पूरे हफ़्ते से सोई कहाँ हूँ? अजीबोगरीब सपनों के बीच-बीच में से पसीना-पसीना होकर कई बार मध्यरात्रि में उठ बैठी हूँ। यकीन मानिये अब इस कहानी के आदि-अंत पर भी मेरा अधिकार नहीं रहा है। मुझे नहीं पता अंत होते-होते यह कहानी कहाँ पहुँचने वाली है। कहानी लिखने के पहले ही दिन की तो बात है...। मैंने उस रात सपने में देखा—

शहर के बीचोंबीच एक रेज़ीडेन्सी कैम्पस है। इतिहास कहता है पहले यहाँ अंग्रेज़ों की रेज़ीडेन्सी थी पर अब इस रेज़ीडेन्सी के पेड़ों से भरे विस्तृत क्षेत्र और इमारतों में एक कन्या महाविद्यालय, उसका हॉस्टल, एक सीनियर

सैकेण्ड्री गर्ल्स स्कूल, एक एस.टी.सी. गर्ल्स स्कूल और उनका छात्रावास और इसके साथ ही एक मेडिकल कॉलेज का पी.जी. गर्ल्स हॉस्टल है। एक उजाड़ कोने में आदिवासी कन्या छात्रावास भी है। इनमें से कुछ इमारतें नई हैं कुछ पुरानी ऐतिहासिक इमारतों को बढ़ा-घटा कर स्कूल-कॉलेज लायक बना लिया गया है। इस रेज़ीडेन्सी के तीन गेट हैं। एक कन्या महाविद्यालय का मेन गेट है। जो बाकि शहर की बढ़िया मुख्य सड़कों से जुड़ा है। एक कन्या महाविद्यालय को हॉस्टल से जोड़ती सड़क है। उसके बीच से काट कर एक सड़क रेज़ीडेन्सी सीनियर सैकेण्ड्री स्कूल को जाती है। तो उसके उस तरफ़ स्कूल की निकासी का एक बड़ा गेट है। उसके बाहर पुलिस चौकी है। पुलिस चौकी के बाहर निकल कर चेतक सर्कल है जहाँ शहर के पिक्चर हॉल हैं। कुछ उम्दा रेस्टोरेन्ट्स भी हैं। तीसरा गेट पीछे को है। एस.टी.सी. स्कूल का प्रवेश व निकास। इसके बाहर कई अच्छी, सभ्रान्त बस्तियाँ हैं और थोड़ा बाहर निकल कर, थोड़ा रोड चढ़ कर चौराहे के पार मेडिकल कॉलेज है। बीच की सड़कें यहाँ-वहाँ से गर्ल्स हॉस्टल से जुड़ी हुई हैं।

लेकिन रेज़ीडेन्सी सीनियर सैकेण्ड्री गर्ल्स स्कूल के खेल के मैदान के पार, जिधर आदिवासी हॉस्टल है, उधर से बाहर निकलने का गेट नहीं है। न पुलिस चौकी, न शहर को जोड़ती चहल-पहल से भरी सड़कें, न कॉलोनियाँ। जैसा कि पहले मैंने कहा है, वह उजाड़ कोना है। उसके पार भी शहर की मध्यमवर्गीय या गरीब बस्तियाँ हैं। इस बड़े मैदान के एक कोने में एक कैन्टीन है। यह मैदान हर हॉस्टल, कॉलेज, स्कूल के ठीक बीचोंबीच है। वैसे यह कैन्टीन रेज़ीडेन्सी सीनियर सैकेण्ड्री गर्ल्स स्कूल का है। कन्या महाविद्यालय का भी अपना अलग कैन्टीन है। लेकिन इस कैन्टीन वाले के समोसे बढ़िया हैं और चाय सस्ती तो इस वजह से यहाँ गंगा-जमुनी मिलन रहता है लड़कियों का। यहाँ हरी ट्यूनिक पहने सीनियर सैकेण्ड्री गर्ल्स स्कूल की लड़कियाँ तो घिरी होती ही हैं। गुलाबी चैक का कुरता और सफ़ेद सलवार-चुन्नी पहने कन्या महाविद्यालय की लड़कियाँ भी समोसों-चाय पर टूटी रहती हैं। सफ़ेद एप्रन पहने एक-दो पी.जी. डॉक्टर भी कभी खड़ी दिख जाती हैं। एस.टी.सी. स्कूल की नीली साड़ी वाली छात्राएँ भी दिख जाती हैं। कभी-कभी बाउण्ड्री फांद कर आई दो-चार धाकड़ आदिवासी लड़कियाँ भी दिख जाती हैं चाव से समोसे खातीं। जिनके

चेहरों व हाथों पर गुदने गुदे होते हैं, गहरा चमकीला काला रंग, अनगढ़ नक्श!

अरे!...और यह मैं हूँ...। यहाँ एन्टीगोनम की बेल के गुलाबी फूल तोड़ती! हाँ! यहीं तो कन्या महाविद्यालय के हॉस्टल में रहती हूँ मैं।

मेरी नींद खुल गई है—वह माहौल और वे दिन कल की ही बात तो लगते हैं। मैंने अपना ग्रेजुएशन और पोस्ट ग्रेजुएशन यहीं से तो किया था। मैं चकित हूँ—कैसे वह पूरा का पूरा माहौल सपने में उतर आया?

पर कल रात क्या मैं कुछ ऐसा ही लिख रही थी। हॉस्टल वगैरह...? हाँ, कल रात मैंने एक कहानी की शुरुआत की थी...कुछ दिन पहले न्यूज़ में देखी हुई एक विवादास्पद घटना पर लिखने की कोशिश कर रही थी—"सर्वोदय विद्यालय के कन्या छात्रावास में दो लड़कियों ने यौनशोषण से त्रस्त होकर आत्महत्या की।"

वह शहर, वह रेज़ीडेन्सी कैम्पस हू-ब-हू मेरे सपनों में आता रहा...। जब तक मैं कहानी लिखती रही।

उस इलाके में अंग्रेज़ों के लगाये बड़े दुर्लभ पेड़ थे। मोरपंखी के लम्बे-लम्बे पेड़। जैकेरेण्डा, गुलमोहर, अमलतास जाने कौन-कौन से लाल, जामुनी, पीले, नीले फूलों के पेड़। कितने तो फलों के पेड़ थे। आम, इमली, जामुन, अमरूद, बेल, फलों के मौसम में लड़कियाँ उन पर झूली रहती थीं। अंग्रेज़ों की लगायी एन्टीगोनम की गुलाबी फूलों वाली लतरें तो अब पूरे कैम्पस में खरपतवार की तरह उगती थीं। लेकिन इन पेड़ों का बहुतायत में होना बहुत अच्छा भी नहीं था। कई बार किन्हीं-किन्हीं रास्तों और पुरानी सड़कों पर दिन में भी रात का-सा अंधेरा छाया रहता था।

मुझे अर्धजाग्रत अवस्था में वह बात याद आ गई।

बी.एस.सी. में एडमिशन के पहले वर्ष और पहले ही महीने की बात है। जूलोजी प्रेक्टीकल में डिसेक्शन के बाद ही लैब में मुझे उलटी हो गई तो हमारी लैक्चरर ने मुझे हॉस्टल जाकर आराम करने को कहा। और मैं शॉर्टकट लेकर जूलोजी डिपार्टमेन्ट के पिछवाड़े से निकल आदिवासी कन्या छात्रावास की पगडण्डी पकड़ हॉस्टल की तरफ़ मुड़ रही थी कि मुझे एक अधेड़ आदमी दिखा। पेड़ की तरफ़ मुँह करके लघुशंका से निवृत्त हो रहा था...मैं चलती

रही...। हाय! वह ज़िप खोले हुए ही अपने जननांग का प्रदर्शन करता हुआ अचानक सीधा हो गया। मैं बेवकूफ़ ठिठक कर खड़ी हो गई...। मैंने जो देखा उससे मेरी मितली बढ़ गई और मैं हाथ में पकड़ी प्रेक्टीकल फ़ाइल और पेन्सिल बॉक्स वहीं फेंक कर भागती चली गई। वह उम्र और वह अनुभव दोनों ही ऐसे थे कि चाह कर भी मैं किसी से कह नहीं पाई। न वार्डन से शिकायत की, न मेट्रन को बताया।

आज सोचती हूँ, सीधे पुलिस चौकी क्यों नहीं भागी? हॉस्टल जाकर इतना क्यों रोई? मेडिकल गर्ल्स हॉस्टल में रहने वाली अपनी चचेरी बहन के अलावा किसी को क्यों नहीं बताया...उन्होंने भी तो यह कह कर टाल दिया—"अरे, कितनी उलटियाँ करेगी? हम तो रोज़ ही ज़िन्दा और मुर्दों का यही सब देखा करते हैं। ले, खा यह गोली और यहीं मेरे कमरे में सो रह। शाम को वार्ड से आकर तुझे हॉस्टल छोड़ दूँगी।

तब मुझे दिन ही कितने हुए थे कॉलेज में एडमिशन लिये हुए?

फिर तो पुराने हो गये थे हम। मैंने सबक सीख लिया था अकेले नहीं आना-जाना है। पहले मैं बहुत धाकड़ थी, एन.सी.सी. कैडेट। लगता था कि मेरा कोई क्या बिगाड़ लेगा? पर उस घटना ने, उस विकृत प्रदर्शन ने ऊपर से तो मेरा कुछ नहीं बिगाड़ा पर अन्दर मन के, जाने कहाँ जाकर एक गन्दगी-सी चिपक गई थी। जो रगड़-रगड़ कर भी नहीं छूटती थी। वह पहला कटु अनुभव था लड़की होने का! अब तो फ़र्क ही नहीं पड़ता। इन्हीं रास्तों पर कितने शोहदे, अधेड़ गन्दी-गन्दी बातें बुदबुदाते चले जाते हैं। हालाँकि बात पहुँची थी वार्डन तक—प्रिन्सीपल तक, पुलिस चौकी तक भी। फिर तो दिन में भी एक सिपाही गश्त करने लगा था।

जल्दी ही हॉस्टल की छतों पर घूम-घूम कर पढ़ते-पढ़ते मुझे पढ़ने के लिये एक एकान्त और धूप-छाँव वाला कोना मिल गया था। बस तभी मुझे पता चला था कि हमारे हॉस्टल के पीछे की विंग की छत से रेज़ीडेन्सी का खेल-मैदान लगा है। पीछे से वह आदिवासी हॉस्टल भी दिखता है। यह मेरा प्रिय कोना था। एंटीगोनम की लतर से ढका, मोरपंखी के एक विशाल पेड़ की छाँव लेता, पानी की टंकी के पीछे छिपा यह दुर्लभ स्थान। जहाँ मैं पढ़ती तो थी ही, कभी-कभी नई बहार के उन नये दिवास्वप्नों में खो जाती थी। कभी-कभी एक

सहज उत्सुकता के तहत मैं अपने प्रिय कोने से पढ़ते-पढ़ते आदिवासी हॉस्टल की गतिविधियाँ देखा करती थी। वे लड़कियाँ कभी कपड़े धोते, बाल सुखाते, कभी-कभी एक-दूसरे की चोटी गूंथती कोई लोकगीत गाते दिख जाती थीं। मुझे लगता वह हॉस्टल दिन के इतने उजालों में भी एक किस्म के अंधेरों में घिरा रहता है। इस हॉस्टल की लड़कियों के चेहरों की तरह इनकी दीवारें, मुंडेरें काली क्यों हैं? यहाँ कभी क्या कोई पुताई नहीं होती? सरकारी बातें तो इतनी होती हैं। मुफ़्त शिक्षा, बेहतर सुविधाएँ, बेहतर अवसर, आदिवासी लड़कियों के लिये आरक्षण का एक बड़ा हिस्सा। फिर भी ये हमसे बेहतर क्यों नहीं हैं?

मैं उस कोने से देखती, हर उम्र की आदिवासी लड़कियाँ। आठ साल से लेकर अठारह साल तक की। ये सभी रेज़ीडेन्सी स्कूल में पढ़ती थीं। वे सभी मुझे कभी कपड़े धोती दिखतीं तो कभी बाहर चूल्हे पर चाय बनातीं। लेकिन कभी वे हमारी तरह शोर नहीं मचाती थीं। न खेलती थीं। हालाँकि उनमें से दो राज्यस्तरीय पुरस्कार प्राप्त एथलीट भी थीं। मैंने उन्हें अपने कॉलेज के खेल मैदान में प्रेक्टिस करते देखा था।

एक दिन हमारी हॉस्टल की एक सीनियर, सोशयोलॉजी में एम.फिल. कर रही पद्मा दीदी ने मुझसे पूछा, क्या मैं उनके साथ ज़रा आदिवासी छात्रावास तक चलूँगी? मैंने अपनी उसी पुरानी उत्सुकता के तहत हाँ कर दिया।

दीवारें पास से उतनी काली नहीं थीं जितनी दूर से दिखती थीं। थोड़ी सलेटी थीं। बड़ा-सा गेट था जिस पर लिखा हुआ 'शासकीय आदिवासी महिला छात्रावास' धुँधला पड़ गया था। एक टूटी दीवार पर शिलान्यास का अवशेष—वह पत्थर किसी नेता की गौरव-गाथा कह रहा था। हम खेल मैदान पार करके, मोटे लोहे के खुले गेट के अन्दर हॉस्टल के अहाते में खड़े थे। सूखा, झड़बेरी की झाड़ियों, जंगली पेड़ों, बड़ी-बड़ी सूखी घास से भरा वह अहाता। जिसमें जगह-जगह जंगली झबरी पूँछ वाले चूहों के बिल थे। हमें देखते ही उछलकूद मचाते चूहे गड्ढों में घुस गये थे। एकाध दुःस्साहसी चूहा, दोनों हाथ गिलहरी की तरह उठाए पीछे के पैरों से खड़ा एक सूखी रोटी खा रहा था। पास ऊँचाई पर टूटी-फूटी सीढ़ियों पर चढ़कर एक पंक्ति में कुछ मटमैले कमरे थे। दुपहर ढल रही थी पर एक अलसायापन माहौल पर तारी था। एक शान्ति धूप के साथ-साथ मैदान और हॉस्टल की छत पर पसरी थी।

पद्मा दीदी के हाथ में उनके डेज़र्टेशन वर्क के कुछ छपे हुए पर्चे थे। यह शायद एक प्रश्नावली थी। अजीबोगरीब प्रश्नों वाली। वे हमसे भी कई बार यह सब भरवा चुकी हैं। यहाँ कोई चौकीदार नहीं था। एक मैट्रननुमा अधेड़ आदिवासी स्त्री एक पेड़ के नीचे चारपाई पर बैठी थी। गले में लटकी चिमटी से दाँत खोदती। पास ही बीड़ी का बण्डल पड़ा था। गोल-गोल भेदक आँखें, चपटी नाक और मोटे होंठ। माथे पर गोदने की कई बिन्दियाँ थीं पर उसने सिन्थेटिक छींट का हरा सलवार कुर्ता पहना था। दुपट्टा चारपाई पर तकिये की जगह सिरहाने गोल-मोल बिछा था। वह हमसे बुरी तरह बोली—

"क्या है?"

"मैं रिसर्च कर रही हूँ। मुझे यहाँ की लड़कियों से ये पर्चे भरवाने थे।"

"आपने किससे परमिशन ली?"

"किसी से नहीं मैडम। ये सादा पर्चे हैं सवालों के, लड़कियों से भरवाने हैं। जैसे उनकी उम्र, माता-पिता क्या करते हैं, गाँव, क्या पढ़ती हैं?"

"आपसे मतलब! हमारी लड़कियाँ क्या पढ़ रही हैं? फिर आना। भागो भागो।"

तब तक लड़कियाँ जो पढ़ तो कतई नहीं रही थीं। कमरों से बाहर निकल आईं। मैंने उन्हें ध्यान से देखा, छोटी-छोटी लड़कियाँ, जंगली मैना-सी, मानो यहाँ आकर वह स्वच्छन्दता भूल गई हों। जबरन एक उदासीनता की तह जमा कर चेहरे पर पोते हुए थीं पर कहीं भीतर एक मिट्ठू सा कौतुहल आँखों के कोटरों में से झाँक रहा था। बड़ी लड़कियाँ एक तटस्थता के साथ हमारे कपड़ों और हमारे चेहरों को आंक रही थीं। वे गलियारे के चूना उखड़े खम्भों से सटी खड़ी थीं। खम्भों से ही नहीं एक-दूसरे से भी सटीं। लगभग एक से कटाव के अनगढ़ सांवले चेहरे। एकाध थोड़ा गोरा चेहरा और बाल भूरे-भूरे। तरह-तरह के गोदने। सभी के नाक, कान छिदे हुए पर आदिवासी गहने नदारद थे। वे सभी अलग-अलग रंगों के मगर लगभग एक से प्रिन्ट के सूती कपड़े पहने थीं। उम्र के हिसाब से। बच्चियों ने फ्रॉक, लड़कियों ने सलवार-कुर्ते। शायद खाना, फ़ीस किताबों के साथ कपड़े भी उन्हें सरकारी अनुदान से मिलते हैं।

"ए! सुना नहीं क्या?" मैट्रन फिर गुर्राई।

"अरे! आप समझ ही नहीं रहे हो। हम बस सर्वे के लिये आये हैं। भील जनजाति की लड़कियों पर। देखो अगर तुमने मुझे अन्दर नहीं जाने दिया तो मुझे क्षेत्रीय जनजाति विभाग के दफ़्तर जाकर शिकायत करनी पड़ेगी। यह सरकारी सर्वे है। मैं वहीं से पूछ कर ये पर्चे लेकर आई हूँ।"

मैट्रन पद्मा दीदी के छद्म रौब से डर गई।

तभी उन बड़ी लड़कियों में से एक सीधे दालान में उतर आई, "क्या बात है बहन जी?" पास से देखकर मैं पहचान गई, यह वही एथलीट लड़की है। लम्बा हरा कुर्ता, बेढंगी सिली, पीली हो आई सफ़ेद सलवार पहने। अनगढ़ नाक में मोटी गुलाबी नग की लौंग, गहरा काला रंग, बड़ी आँखें, मोटे होंठ, जिन्हें आज आप 'क्यूपिड की बो' की उपमा दे सकते हैं। लम्बा, दुरुस्त मांसपेशियों से कसा-कसा बदन।

"तू अन्दर जा...।"

"आने दो इनको। मैं जानती हूँ इन दीदी को।" उसने मेरी तरफ़ उँगली कर दी।

"ठीक है, बेनुड़ी तेरी ज़िम्मेदारी।" मैट्रन पर उसके भी रौब का असर हुआ। वह चुपचाप चारपाई पर लेट कर बीड़ी पीने लगी।

पद्मा दीदी ने रास्ते में आदिवासी लोगों के बारे में बहुत कुछ बताया था—कि इनमें ज़्यादातर लड़कियाँ भील जनजाति की हैं। सही अर्थों में वन कन्याएँ। सर्वे का क्वेश्चनायर भरवाते पता चला कि कुछेक लड़कियाँ जो थोड़े गोरे रंग की थीं, वे कंजर जनजाति की थीं, ये कंजर कन्याएँ ज़रा फ़ैशनेबल-सी थीं। सुर्ख नेलपॉलिश लगाये, काजल लदी आँखें और उनमें एक कटाक्ष, तीखे होंठ जिनमें एक जन्मजात विलास! एक लड़की गाड़िया लोहार जनजाति की भी थी। गाड़िया लोहार वही लोग हैं जिन्होंने महाराणा प्रताप का युद्ध में साथ दिया था। अपनी कृषि भूमि दान कर कसम खाई थी कि वे अब कभी घर बना कर नहीं रहेंगे। गाड़ियों में घर बनाएँगे और प्रदेशभर में घूमेंगे। भील, कंजर, गाड़िया लोहार कुल मिला कर दस-बारह आदिवासी लड़कियाँ। आधे कमरे लगभग खाली ही थे। पद्मा दीदी को लड़कियों ने घेर लिया था। वे स्वयं ही पूछ-पूछ कर प्रश्नावली भर रही थीं और खरीद कर लाया केक बाँट रही थीं। मैं एक बैंच

पर बैठ कर यहाँ-वहाँ ताक रही थी। इस छात्रावास के कमरे क्या थे, दड़बे ही थे। न जाने कब से पुताई नहीं हुई थी। मैंने बैंच पर बैठे-बैठे कमरों में झाँका। कमोबेश हर कमरे का एक ही सा परिदृश्य-अलमारियाँ नदारद, बस कुछ ताखें थीं जिन पर आदिवासी लड़कियों ने अपने पीतल-कांसे के बर्तन जमा रखे थे। या कंघा और शीशा। कमरे के बीच में चारपाई की मूँज की रस्सी बँधी थी जिस पर कपड़े, स्कूल की यूनिफ़ॉर्म बेतरतीबी से टँगे थे। टेबल नहीं थी, डेस्क थीं उन पर किताबें थीं। प्रकाश के लिये मकड़ी के जालों से ढका धूमिल बल्ब। काँच की खिड़की बन्द थी। उस पर मोटा काला कागज़ चिपका था। कैसे पढ़ती होंगी इतनी कम रोशनी में?

जिन लड़कियों ने प्रश्नावली भर दी थी वे कुतूहलवश मेरे पास भी आ गयीं। उनमें से एक एथलीट भी थी।

"आप मीरा गर्ल्स कॉलेज में हो न?"

"हाँ।"

"आपको बास्केट बॉल खेलते हुए देखा था।"

"हाँ, मैंने भी तुम्हें देखा था। क्या तुम यहीं रेज़ीडेन्सी स्कूल में पढ़ती हो?"

"हाँ।"

"भर दिया पर्चा?"

"हाँ, पर्चा तो भर दिया। पर म्हें सोच्यो पर्चा माँ पूछोला कि..." मेरे चेहरे पर राजस्थानी न समझ पाने की उलझन देख कर वह हिन्दी में बोलने लगी, "हम कैसे यहाँ रहते हैं, क्या खाते हैं? हमें मिलने वाली छातरवर्ती (छात्रवृत्ति) को कौन खा जाता है। पण पर्चे में तो होर ई बातां हैं। हमारी जात, रीति-रिवाज, एक से ज़्यादा शादी, औरतों की खरीद-बेच के बारे में प्रश्न हैं।" पता नहीं उसकी बात में तंज था, कड़वाहट थी या सरलता! कुछ लड़कियाँ आपस में आधी हिन्दी-आधी बागड़ी राजस्थान के बागड़ क्षेत्र डूंगरपुर-बांसवाड़ा की बोली, में बात कर रही थीं।

"वो बात ये है कि वो जो दीदी हैं, ये ही विषय पढ़ती हैं, जिसमें जातियाँ और उनके रीति-रिवाज के बारे में होता है, तुम भी तो पढ़ते होगे ना सामाजिक

विज्ञान में।'' मैंने बेजा सफ़ाई दी, उसका असंतोष और उमड़ पड़ा।

''पैले भी कितनेक संस्थावाले, एनजीओ की औरतें आईं, मैट्रन और इंचारज ने झूठ-झूठ बता के फुटा दिया।''

''तुम्हारा नाम क्या है?''

''बेनु''

''बेनु, कुछ समस्या है क्या?'' उसके असंतोष ने मेरी उत्सुकता बढ़ा दी थी।

''समस्या क्या एक है, दीदी? शश्श...मेट्रन आ रही है। पढ़ाई की बात करो।''

''किस कक्षा में पढ़ती हो?...''

पद्मा दीदी का काम पूरा हो चुका था। छोटी लड़कियों को उन्होंने टॉफ़ियाँ पकड़ाईं और हम वापस आ गए। लेकिन बेनु के साथ सिलसिला बना रहा तब तक जब तक कि वह अचानक गायब नहीं हो गई। एक दिन अचानक अख़बार की सुर्खियों में आकर उसने मुझे चौंका दिया।

गायब होने से थोड़ा पहले वह अक्सर मुझसे हॉस्टल मिलने आया करती थी। या फिर हम मिलते थे, खेल के मैदानों में, कैन्टीन में, पेड़ों के छायादार रास्तों में।

''बेनु जीजी, कल खेलने नहीं आईं आप?''

''नहीं, मेरा जूलॉजी का प्रेक्टिकल था।''

''मैं स्टेट लेवल पर सलेक्ट हो गयी।''

''अच्छा! यह अच्छी खबर है। चाय पिएगी, चलें कैन्टीन?''

''जयपुर जाना पड़ेगा।''

''कब?''

''अगले महीने ही। लेकिन वो कमीनी मेट्रन लिखत में परेमिशन नहीं दे रही। इंचारज भी भग गया है।''

''क्यों?''

''कुत्ती रांड, कहती है कि पैले माँ-बाप से दस्तखत लेकर के आ।

डूंगरपुर से भी आगे सालमगढ़ तहसील के पास हमारा गाँव है। आणे-जाणे में तीन दिन तो लगेंगे ही...। दीदी पैसे हों तो...''

''पैसे! बेनु, पहले तू मेरे पहले के सौ रुपए लौटा।''

''पैले के दो महीने की छातरवर्ती इंचारज ने अटका रखी है। पाँच सौ पूरे तो कभी देता ही नहीं। खा-पी के दो सौ टिकाता है, फेर भी चार सौ बनते हैं, मिलते ही दे दूँगी।''

''ऐसा क्यों करता है?''

''करता है। उसके बाप का राज है, नहीं करेगा अगर उसके बिस्तर पे कपड़े काढ़ के...रांड रा...''

''क्या बकवास करती रहती है बेनु?''

''बताया नहीं आपको पैले। छोटकी चिरमी दस्स बरस की इंचारज के पास फीस के पैसे लेने गई और पूरी चड्डी लाल।...''

''मुझे मत बताया कर यह सब, जाकर पुलिस को बता।'' मैं घबरा गई थी।

''पुलिस? वो हमारे यहाँ की दोनों कंजड़िनें हैं न, उनको ले जाके इंचारज पुलिस को खुश रखता है।''

''मैट्रन?''

''वो रण्डी तो पैसे के बदले अपनी बेटी बेच दे।''

माना मैं उस साल अठारह की हुई थी और कहने भर को वयस्कों में शुमार हो गई थी, मगर ये ग्यारहवीं कक्षा में पढ़ने वाली स्कूल की लड़की क्या बातें कर रही थी? मेरा मन घबरा गया था उन बातों से। मैंने उसे पैसे तो नहीं दिए बल्कि उससे कतराना भी शुरू कर दिया। पद्मा दीदी ने डरा अलग दिया, ''मनस्वी तू चुप बैठ। उससे बात मत किया कर। वो खुद कम नहीं है। मैंने उसे उसके कोच के साथ घूमते देखा है। वह कोई बच्ची नहीं है। उसकी शादी भी हो चुकी है पर सब छोड़-छाड़ के पढ़ने चली आई थी।''

''गलत तो नहीं किया दीदी, कितनी आदिवासी लड़कियाँ...''

''बस, बताया न उससे मत मिला कर। अपने पैसे जल्दी ही वापस ले लेना।''

"पर दीदी वो छोटी उम्र की भील लड़कियाँ?"

"ऐसी बातें छिपती हैं क्या? एक दिन खुलेंगी। फिर हम क्या कर सकते हैं? हम यहाँ पढ़ने आये हैं। इससे सालों पहले से आदिवासी छात्रावास यहाँ है। यह सब तो..." उन्होंने मुझे समझा कर भगा दिया था। बेनु मुझसे फिर नहीं मिली। शायद वह अपनी स्टेट लेवल पर होने वाले टूर्नामेन्ट की तैयारियों में व्यस्त थी।

आदिवासी कन्या छात्रावास की ऐसी बातें मैंने कई बार बेनु के मुँह से सुनी थीं। इन सब बातों के बाद मैंने उससे मिलना तो बन्द कर दिया था लेकिन बहुत विचलित रही मैं। भीरू थी मैं? नहीं, उम्र की विवशता थी। मैं खुद बी.एस.सी. ही तो कर रही थी। किससे जाकर क्या कहती? कौन सुनता तब मेरी? बेनु की ही किसी ने नहीं सुनी तब। अब बात अलग है...

इस कहानी के जन्म के दौरान मैंने फिर सपना देखा—

मैं बेखबर अपने मनपसन्द कोने में बैठ कर अगले दिन होने वाली कैमिस्ट्री के पेपर की तैयारी कर रही हूँ। सर्दियों के दिन थे। सुबह की मीठी धूप अचानक कड़वी हो गई है। आदिवासी छात्रावास में शोर गूँजा। चीख-चिल्लाहटें, छोटी लड़कियों का रोना। दस पन्द्रह मिनट में पुलिस आ गई है। मुझे छत पर से कुछ नहीं दिखा, मैं कुछ समझ नहीं सकी पर उन छोटी लड़कियों की घुटती हुई चीख इतनी दिल दहला देने वाली थी कि मैं घबरा कर नीचे आई हूँ। कमरे में जाकर मैं कपड़े बदल कर आदिवासी छात्रावास दौड़ जाती अगर पद्मा दीदी ने वहीं हाथ पकड़ कर घसीट कर मुझे अपने कमरे में बन्द न कर लिया होता।

"बेवक़ूफ़ है क्या?"

"हुआ क्या है?"

"सुनेगी? सुनना चाहती है न? सुन और फिर जा। आदिवासी हॉस्टल में दो लड़कियों ने आत्महत्या की है।" वे डाँट रही थीं।

"..." मैं कुछ समझ ही नहीं पाई।

"अब मैंने तुझे देखा ना...। बेनु के आस-पास तो मुझे तेरे पेरेन्ट्स को फ़ोन करना पड़ेगा कि आपकी बेटी किसी बड़ी मुसीबत में पड़ने वाली है। अभी

तू चुपचाप यहाँ से जाकर अपनी कज़िन सुनयना के पास मेडिकल हॉस्टल चली जा। वहीं पढ़ कर एग्ज़ाम देना।''

नींद फिर आई नहीं। मैं कैसे सोती! सपना था? पूरी रात उन्हीं रास्तों में भटकी हूँ। उदयपुर का रेज़ीडेन्सी इलाका, जहाँ की शै, हर दरख्त, हर बेल-बूटा, टूटी दीवारें, कच्चे-पक्के रास्ते बहुत जाने-पहचाने थे। उन लोगों के बीच पहुँच गई हूँ जिनके साथ वह अहम् वक्त सात साल का गुज़रा था। शुरू का चहकते-महकते। बीच का डरते-सहमते। बाद का एक ऊब और तटस्थता के साथ।

पर यह बात तो सच थी बी.एस.सी. फ़ाइनल ईयर में मेरे ऑर्गेनिक कैमेस्ट्री के पेपर के दिन कुछ तो हुआ था। पर क्या? एक ऑटोवाले का मर्डर! हमारे ही कैम्पस में! मेरा आर्गेनिक कैमेस्ट्री का पेपर बिगड़ गया था। गनीमत थी कि वह आखिरी था। उसके बाद लम्बा गैप, फिर प्रेक्टीकल एग्ज़ाम्स थे। पर जब पेपर देकर आई तो पूरा हॉस्टल न्यूज़पेपर्स की टेबल पर जमा था। सब सकते में थे। क्या यह कैम्पस अब सुरक्षित रह गया था, गर्ल्स हॉस्टल्स के लिये? बी.एस.सी. के बाद भी यहीं से एम.एस.सी. करना विवशता थी और मैंने की। उसी डर और अविश्वास के साथ।

आज जिस तटस्थता से कह रही हूँ, इस तटस्थता की अवस्था तक पहुँचना क्या आसान था?

इन्सोम्निया टर्म तब मैं जानती नहीं थी, न ही तब यह टर्म महिलाओं में आम थी आज की तरह। तब नींद न आने, डरने की बात पर लड़कियों को उनके माता-पिता मनोचिकित्सक के पास नहीं ले जाया करते थे। लेकिन मुझ पर इससे भी कुछ गंभीर गुज़रा था जिसके निशान अब तक अंतस पर गहरे हैं। शायद यही वजह है कि वह रेज़ीडेन्सी कैम्पस हू-ब-हू यूँ मेरे सपनों में आ गया। इतने सालों बाद!

मैं उस बेनु से नहीं मिली। फिर पता नहीं वह कहाँ चली गई? बहुत दिनों बाद जिससे मिली तो वह बेनु थोड़े ही ना थी, वह तो बनमाला थी।

लेकिन कल रात अचानक वही बेनु सपने में आकर उस कैन्टीन की बैंच पर बैठ कर मुझसे क्या कह रही थी? ठीक से याद नहीं आ रहा। कोई कड़ी टूट कर हाथों से छूट-छूट जा रही थी। इन्होंने मुझे अचानक जो जगा दिया था,

"अरे! मनु तुम कैसी आवाज़ें निकाल रही हो?" और वह कड़ी वहीं टूट गई। मैं किस हॉस्टल की टूटी दीवार की बात कह रही थी?

ओह! याद आ गया...।

सपने में वही कैन्टीन, टीन की छत वाला, सामने घास का मैदान...। बगल में एक गड्ढा जिसके आस-पास गुलाबी एन्टीगोनम के फूल खिले थे। मैं और बेनु लकड़ी की संकरी बैंच पर बैठे हैं खुले आसमान के नीचे। सर के ऊपर एक बादल का टुकड़ा तैर रहा था। मैं उसी यूनिफ़ॉर्म में...गुलाबी, सफ़ेद...। नहीं...। सफ़ेद स्कर्ट था...। हाथ में बास्केटबॉल थी। उसने क्या पहना था? दिखा नहीं...। चेहरा भी स्पष्ट नहीं। गोदना याद है...तोता-मैना वाला हाथ की संवलाई त्वचा पर नीला गाढ़ा गोदना।

मैंने उससे चीख कर पूछा था—"कहाँ जा कर मर गई थी कम्बख़्त...। कितनी चिन्ता हुई तेरी! जयपुर से कब लौटी?" फूट-फूट कर रो दी हूँ मैं पूछते-पूछते।

"कहाँ? कहाँ गई जैपुर? जाने नईं दिया न कुत्ते इंचारज ने।"

"...।"

"कोच सर ने कहा भी उससे कि वो शिकायत करेंगे इंचारज की... जनजाति विभाग में बड़े साब से। एक प्रतिभाशाली भील छात्रा को तुम खुद ही आगे नहीं आणे देते।"

"..."

"कोच सर ने एप्लीकेशन लिखवाई...। मैंने सब कुछ लिख दिया था उसमें। छोटी लड़कियों के साथ छेड़खानी। पुलिस चौकी वालों का कंजरियों के कमरे में आना...। मैट्रन भी कुत्ती कंजर जाति की थी न। भीलनियों की जात भले ही छोटी हो, आन बड़ी होती है...इज़्ज़त भी।"

"..."

"वो अपलीकेसण मेरे कन्ने थी। पेटी-बकस में। मैट्रन ने पीछे से निकाल ली...। ताला तोड़ के पेटी का। उसी दिन कोच सर और मैं जाते...। जनजाति के दफ़्तर...क्योंकि मेरा जैपुर जाना बहुत ज़रूरी था। स्टेट के बाद...। नेशनल फिर इन्टरनेशनल...। कोच सर कहते हैं कि तू बहुत ऊपर जाएगी बेनु।"

"..."

''कहाँ जा सकी। आते ही इंचारज और मैट्रन ने खूब मारा। हाथ छुड़ा के रात के अंधेरे में भागी थी मैं...वो हॉस्टल के पीछे की टूटी दीवार से कूद के, शहर के उस तरफ़। माथे पे चोट लगी...लहू ही लहू...पर पकड़ लिया...उस हड़क्ये कुत्ते ने...। दोनों ने मिल कर गला टीप दिया। फिर रस्सी लटका दी गले में...''

''...''

''कौन? मुन्नी? उसे क्या हुआ? न मुझे नहीं पता। वो तो घर गई हुई थी। ना! ना! वो मेरे साथ नहीं थी। उसे भी मार डाला क्या?'' वह चीख रही है मुझे झिंझोड़ते हुए।

मैं फिर उठ बैठी हूँ पसीने में तर-ब-तर। कौन मुन्नी? कौन बेनु? यह कैसा सपना था?

''क्या हुआ मनु?'' इन्होंने मुझे झिंझोड़ कर पूछा।

''....।'' मैं पसीने-पसीने बुत बनी, रज़ाई उघाड़े, बैठी काँप रही थी।

''वो हॉस्टल की टूटी दीवार।''

''मनु! सपना देखा?''

''...हाँ, शायद पर ऐसा लगा कि सच ही था।''

''डर गई हो। सो जाओ।'' वे करवट बदल कर सो गये।

मैं नींद में अपना आप टटोल रही हूँ। अजीब-सी नींद में स्वयं से पूछ रही हूँ—कौन थी यह बेनु? कहीं 'बनमाला' तो नहीं? अरे! अभी पिछले महीने मेरे जन्मदिन पर तो फ़ोन आया था उसका।

यह कहानी तो उसकी ही कहानी है। उसके सिर का वह निशान और उसका इतिहास...उसी ने तो बताया था। पर उसने तो कभी आत्महत्या नहीं की। वह अख़बार की सुर्खियों में ज़रूर आई थी। लेकिन इस तरह-'पहली भील आदिवासी लड़की आर.पी.एस. बनी।' मैंने उसे बधाई दी थी, पता ढूँढ कर...। तब से वह मुझसे फ़ोन पर सम्पर्क रखती आई है। दो बार वह घर भी आई है। उसने कोच से विवाह कर लिया था जयपुर जाकर। उसी ने उसके कोच देवराजसिंह मीणा ने उसे आगे पढ़ाया और इस गरिमामय पड़ाव तक उसे ले आया।

मेरे हाथ-पैर बर्फ़ हो रहे हैं। कुछ समझ नहीं आ रहा है। यह सब क्या है? मेरी समाचार वाली कहानी बनमाला से क्यों जा जुड़ी है? वह तो ज़िन्दा है। अपने उसी जांबाज़ व्यक्तित्व के साथ। एक पुलिस अधिकारी के ज़िम्मेदार पद पर बैठ न जाने ऐसे कितने साधुओं, नारी निकेतनों, छात्रावासों के गंदले गुदड़ों के बखिया उधेड़े हैं और वहाँ के निकृष्ट कर्मचारियों को पिस्सू सा निकाल फेंका है।

पूरे सप्ताह कहानी लिखने के दौरान मुझे न जाने क्या-क्या याद आता रहा है और मैं अपनी मूल कहानी से भटक उदयपुर। रेज़ीडेन्सी के उस विस्मृत इलाके में घूमती रही हूँ। कुछ सच, कुछ स्वप्न मुझे नहीं पता यह कहानी स्वयं अपने आपको और मुझे कहाँ ले आयी है? पर गनीमत है, पूरी तो हुई। अब कहीं जाकर मेरा मन संभला है। बस पेन और डायरी को रख दिया है भीतर, अलमारी में! अब एक-दो महीने कोई कहानी नहीं लिखूँगी। उफ़! कम-से-कम किसी अख़बार की छपी दारुण खबर को प्लॉट बना कर तो कभी नहीं। ये खबरें जब आपके अतीत से कहीं छूकर गुज़रती हैं तो अवचेतन पर जाकर। नाना प्रकार की रासायनिक क्रियाओं से गुज़र कर सपनों के धरातल पर 'प्रेसीपिटेट (अवक्षेपित)' होती हैं।

रक्स की घाटी और शब-ए-फ़ितना

वे तीनों रात भर हल्के हरे पत्तों के बीच अपने सफ़ेद चेहरे और गुलाबी से बैंगनी पड़े होंठ छिपाए रहीं। बैंगनों और शलगमों के इस खेत में वे तीनों अविचल खेत का ही हिस्सा लग रही थीं, उनके गहरे सलेटी लबादे उनके जिस्म पर मटमैली, बारूदी चाँदनी की तरह लिपटे थे, सबसे छोटी ग़ज़ाला के चेहरे पर बन्धा स्कार्फ़ खुल कर उड़ा जा रहा था। उसे अपने दिल की धड़कनें तक अज़ाब महसूस हो रही थीं, मानो कि सीने में फूटते कोई छोटे-छोटे विस्फ़ोट, अनवरत!

खेत की पानी भरी नालियाँ तक सहम गई थीं। बहना बन्द कर चुकी थीं या कि सहम कर चुपचाप बह रही थीं। मौसम तक के लिए चौकन्नेपन का यह अभ्यास नया था। चचा और चचाज़ाद भाई और पिता के नए रवैये...और राजनैतिक समीकरण मौसमी थे कि स्थायी? इनमें से कोई समझ नहीं पा रहा था।

"खुदा जाने अब्बू को क्या हुआ, नक़ाब के हिमायती वो कब से हुए? हम तो यूसुफज़ई ट्राइबल्स हैं।" गीले लबादे को निचोड़ते हुए एक गुलाबी से बैंगनी पड़ा होंठ खुला।

"कभी तो चुप रहा करो, मुश्किल वक्त है, ग़ुज़ार जाओ।"

दो सहमे, गदराए बैंगनी होंठ हरी लताओं में हिलते हुए फुसफुसाए। आकाश में पीले सितारों के कुछ झुण्ड अजीब तरीक़े के आकार में बन-बिगड़ रहे थे।

"देख हिरण..." कमसिन ग़जाला ने बहनों को बहलाने की नाक़ामयाब-सी कोशिश की। "और अब देखो ज़रा?" लुबना ने गहरी आँखों से आकाश में देखा।

''बिच्छू..!'' ग़ज़ाला सिहर गई।

''जाने दे, इन सितारों का क्या है, ये तो खेल-खेल में खंजर बन जाते हैं कभी सलीब...डर मत, घर चल, सुबह होने को है। देख, वो भोर का तारा, इसे ही अंजुम कहते हैं।'' गुलवाशा ने कहा।

''चलें?''

''चले गए होंगे वो लोग?''

''डर मत...सब ठीक कर लिया होगा अब्बू ने।''

एक भारी और उदास मर्दाना आवाज़ और कुछ पतली, खिली, कमसिन आवाज़ों का कोरस बादलों से खाली रात में पहाड़ से टकरा कर एक तिलिस्म बुन रहा था। नीचे घास पर सफ़ेद नन्हे फूल और आकाश में तारे खिल रहे थे।

''ऐसे मुश्किल वक़्त में महफ़िल? किस की शामत आई है?''

''लुबना, तू हमेशा ग़लत ही सोचेगी। लगता है यह कोई मज़हबी मजलिस है।'' गुलावाशा ने आश्वस्त किया और मन-ही-मन महफ़िल की सलामती की दुआ की।

उस हरे-जामुनी खेत के साथ बकरियों का एक बाड़ा था, जिसके तीन तरफ़ कच्चे मकानों की दीवारें और सामने की ओर आड़ी-तिरछी लकड़ियों और काँटेदार झाड़ियों का ऊँचा-नीचा जंगल था। जंगल के रास्ते से बाहर आकर वे शहर के सबसे अँधियारे कोने पर खड़ी थीं। गली दर गली वे दोनों 'संगीत गली' के मुहाने पर पहुँचीं, वहाँ सन्नाटा ओढ़े, संजीदा खड़ी उनकी सँकरे गलियारों वाली हवेली थी। हवेली की नीचे की मंज़िल पर कोई नहीं था, महज़ कुछ नौकर और बूढ़ी मामा देर रात के उन अनचाहे मेहमानों की रसोई निपटा करके ज़रा सोए ही थे। दूसरी मंज़िल पर भी अब्बू के कमरे में चाय की तकरीबन दस-बारह प्यालियाँ रखी थीं। तीसरी मंज़िल पर मरहूम दादी अम्माँ के कमरे में अब्बू-अम्मी नमाज़ से उठ कर बैठे ही थे, जब वे तीनों वहाँ पहुँचीं तो, अब्बू बड़बड़ा रहे थे।

''बीबी, ज़िन्दगी का हर उजाला छिनता जा रहा है, मगर मुझे फिर भी अँधेरे से प्यार नहीं हो पाता, न जाने क्यूँ?''

''अँधेरे से किसे प्यार हो सकता है जी, ऐसी अजीब बातें क्यों?''

"हो जाता है, देखो न ज़्यादातर चले गए, रक़्स की ये घाटी छोड़ कर, अपने गीत और फ़न छोड़ कर, हमारे खुद अपने सगे ये हवेली छोड़ गए। जो बचे उन्होंने अपने इस पेशे को खुद ही छोड़ दिया। ये बर्बादी इतनी आहिस्ता से होती है कि हमें इसकी आदत पड़ जाती है। इस घाटी की असल रूह तो यहीं भटकती है, शलगम के खेतों में।...अहा...देखा, ये देखो आ गईं मेरी रूह की तीन परियाँ।" अब्बू ने तीनों को अपने चौड़े सीने में भर लिया, तीन फ़ाख़्ताओं की तरह।" अब्बू के बदलते सुर को तीनों पहचान गईं, और उस बेसाख़्ता प्यार पर उदासीन रहीं। अपने लबादे उतार कर खूंटियों पर टाँगने लगीं, लुबना ने अपनी साटिन की सफ़ेद सलवार पर से घास के हरेपन को झाड़ते हुए पूछा, "वो लोग चले गए अब्बू?"

"...।"

"अबकी बार क्या फ़रमान छोड़ा?"

"वही कि...बता तो चुके हैं। बार-बार क्या बताना, इस बार तो वो बस भूखे थे, ढंग का खाना खाना चाहते थे।"

"फिर भी, कुछ तो कहा ही होगा।"

"हाँ कहा तो है कि वे इस शर्त पर हमारे ठिकाने नहीं जला रहे कि हमारा परिवार और हमारे लोग जो कभी बेहूदा फ़िल्मी गाना-बजाना नहीं करते, न हमारी लड़कियाँ नए चलन के कपड़े-पहन कर नाचती हैं, मगर जो हमारे कबीले वालों का पारम्परिक नाचना-गाना और बजाना है, अब वह भी बंद कर दें। ग़ज़ाला का स्कूल भी बन्द हो रहा है, टीचरों को भगा दिया जाएगा।" हरे शाक की टोकरी सँभालती अम्मी बोलीं।

"स्कूल भी? टीचर भी!"

तभी बूढ़ी मामा फ़िरदौस का पोता सुहैल भीतर आया हाँफ़ता हुआ...और वह जो बोल रहा था उसका मतलब जो भी हो, सबके कानों तक बस यही पहुँचा, टूटे रबाब, सारंगियाँ, ज़मीन पर लिथड़ते साफ़े...झुके मर्दाना सिर हेयरपिंस, जूड़ा पिन और टूटे बाल...टूटे गजरे...नुचे और नीले पड़े जनाना जिस्म। अभी जहाँ शादी का जश्न था, संगीत गली की नर्तकियाँ समूह में अपने गोरे रंग और दहकते अनार गालों के साथ, दो लम्बी चोटियाँ आगे डाले, सुर्ख

लबादे और स्कार्फ़ में सर बाँधे, चाँदी के झाले लटकाए नाच रही थीं कि अभी जैसे किसी नरभक्षियों के समूह ने तबाही मचा दी हो।

"ओह! जिसका डर था, वही हुआ लुबना।"

"हाँ...मुझे डर नहीं, इस होनी का यकीन था।"

"क्या नई बात? जब फ़रमान है तो क्यों चोरी से नाचना-गाना? शहला की चौक में औंधी पड़ी लाश सब भूल क्यों गईं? और उस घर के मर्द? मुझे तो नाच-गाना शुरू से ही पसन्द नहीं।" माँ के साथ जहेज़ में आई, मामा फ़िरदौस अब्बू के लिहाज़ में दुपट्टे की आड़ करके बोली।

"फ़िरदौस मामा, आपको, आपकी प्यारी 'बिटिया' और हमारी मम्मी को नाच-गाना आता भी तो नहीं...," ग़ज़ाला चहकी।

"आने को इसमें कौन-सा ख़ास...है? यह भी कोई कशीदाकारी या नक्काशी का काम है?" मामा फ़िरदौस बुरी तरह कुढ़ गई।

"सही कहती है फ़िरदौस, यह नाच-गाना जब जान की अज़ाब बन गया है तो बन्द क्यों न हो जाए पूरी तरह...यूँ भी हमारा तो हमारे मज़हबी कानून में यकीन रहा है।" मैदान के इलाके से ब्याह कर लाई गईं, 'अम्मी' ने भी उन्हीं लोगों की तरह फ़रमान सुना दिया।

"बीबी, तुमने साबित कर दिया न कि ये बर्बादी इतनी आहिस्ता से होती है कि हमें इसकी आदत पड़ जाती है। तुम जब हमारे साथ आई थीं तो हैरां थीं कि हम वादी के लोग बाकी ज़मीन के लोगों से ज़्यादा खुले दिमाग़ और ज़िन्दादिल हैं, हमारी औरतें, घुटन में नहीं रहतीं, न नक़ाब पहनती हैं। तुम ही थीं जो फ़िदा हुई थीं, हमारे गीतों पर और कहा करती थीं कि इन गीतों में दर्दमन्दी है, मगर इन पर नाचती हुई औरतें, मस्ती में नाचती हैं कि ये गीत जश्न के गीत हों। आज तुम इस कला को मज़हबी ज़ंजीर में बाँधने लगीं... है ना अजीब बात!" अब्बू की इस ज़हन कुरेद देने वाली बात पर अम्मी आह भर कर चुप हो गईं।

"चलो! नीचे चलें।" वह बेइरादा उठ खड़े हुए। अम्मी और अब्बू दोनों सीढ़ियाँ उतरने लगे। पीछे-पीछे वे तीनों। उतरते-उतरते पहले मोड़ पे अब्बू ठिठके और अँधेरे ज़ीने से बाहर उस रोशनदान में देखने लगे जिसमें से नज़र

आने वाला नज़ारा और उससे परे फैले हुए दरख़्त एक विचित्र दुनिया-से लगते थे।

अब्बू की दहशतज़दा आँखें ज़ीने के अँधेरे में कुछ और ज़्यादा दहशतज़दा लग रही थीं। माँ डर गईं जब पिता ने हार कर कहा, "तुम ठीक ही समझती हो इस सियासत को बीबी, अब रक्स-घाटी की इस संगीत गली में बची हुईं औरतों को समझाना तुम्हारा काम है। देखो, दुबारा संगीत गली से प्राइवेट शादी-ब्याहों, में कोई न जाए तो बेहतर। बस कुछ दिन की बात है फिर वही दिन लौटेंगे।"

"तुम तो ख़्वाब की-सी बातें कर रहे हो," अब्बू के पीछे आती अम्मी ने हताश होकर कहा।

वक्त की मनहूस चाल के चलते वैसे ही इस हवेली के रंगीन काँच की खिड़कियों वाले हॉल जालों से भर गए थे। चचा की सारंगी और उनके नौजवान बेटों के नाज़ुक गलों की अनुपस्थिति से हवेली मनहूस हो गई। शाम से ही रेवन कौओं का शोर इसे मनहूस बना देता था। फिर रात के ढलते सन्नाटे में गोलियाँ चलने की फट-फट आवाज़ आती थी। मरने वाले मरते हुए उस आसमान में बैठे किसी काल्पनिक खुदा और जन्नत का नाम लेते। और मारने वाले लोग उसी खुदा के नाम का शोर उठाते। एक दिन फिर ऐसा हुआ, ग़ज़ाला ने खुद सुना... बस उस रात के बाद अब्बू लौटे ही नहीं...

ग़ज़ाला ने उन दिनों स्कूल की कॉपी में जो लिखा, वही बस बच रहा...

1

ये आवाज़ें पेट में बवंडर उठाती हैं और दिमाग में ख़ला (निर्वात) जम कर बैठ जाती है, जिस्म मर जाता है। पूरे वजूद में हवेली का-सा सन्नाटा पसर जाता। तब इस हवेली के भरेपूरे जवान दिन याद आते। बचपन के दिन जब नींद ही अब्बू और उनके भाइयों के रबाब और दिलरुबा की जुगलबन्दी से खुला करती थी...जब दूधिया मकई के खेतों और जलते पलाशों का मौसम हमारे लिए हुआ करता था...हम बच्चे स्कूल जाते और स्कूल से लगे धान के खेतों में उड़ते ड्रेगन फ़्लाई की पूँछ में धागा बाँध कर हैलीकॉप्टर बनाते थे, अब धुआँ उगलते हैलीकॉप्टर रॉकेट लाँचर के साथ वादी के स्कूलों को तबाह करने आते हैं।

बीते हफ़्ते 'मसहबा' को उन लोगों ने मार के कब्रिस्तान में फेंक दिया, वह अपनी स्कूल ड्रेस पहने थी...बेवकूफ़ थी क्या? स्कूल तो कब के बन्द हुए थे, स्कूल टीचर कब की मैदान की तरफ़ चली गई, इमारत उधड़ी पड़ी है। मेरा टीचर बनने का ख़्वाब भी...

अब्बू तो कहते थे कि सरकार सिनेमाघर बचाये न बचाए हमारे स्कूल बचाएगी। अब्बू मर गए, अब किससे ज़िरह करूँ?

2

मेरी दोनों बड़ी बहनें बहुत अलग थीं, गुलवाशा ज़ैतूनी और लुबना खुबानी की रंगत की थीं, उनकी तीखी नाक और बड़ी आँखें उन्हें बेइन्तहाँ खूबसूरत बनाती थीं, मैं ही घर भर में अलग थी, सादा और पढ़ाकू। जिसका ताना अब्बू अक्सर अम्मी को दिया करते...

गुलवाशा की यह ज़ैतूनी रंगत ही उसका ख़ासमखास लिबास थी, और जिस्म की लचक उसका बेशकीमती गहना...अंग-अंग में कम्पन भरा था। संजीदगी ऐसी कि मैदानी इलाकों की ख़ानदानी औरतें पानी भरें। माथे पर मोती जड़ी लैस का दुपट्टा बाँध, लम्बा घेरदार रंगीन धागों से कढ़ा लाल कुर्ता और शरारा पहन वह घूमती, मर्द तो मर्द औरतों की आह निकल जाती, लय और ताल का ऐसा जादुई मेल कि बस...उस पर आँखों और मुस्कान का विलास... दाँत हल्का-सा खुलते कि सोने जड़ी कील चमक जाती। भोली आँखों की दुधारी कटार...बिना मेकअप की गज़ब रूहानी सुन्दरता। लोगों के कलेजे हुमक जाते, जब अब्बू रबाब बजाते और वह हल्का-सा उछल कर हाथ आसमान की तरफ़ उठाती और फूल बरसाती अदा में ज़मीन तक लाती झुक जाती। उठते हुए कनखियों से दिया गया वो आमंत्रण...मर्द अपने सीने मलते रह जाते...जानते थे यह अँखड़ियों का विलास नाच तक सीमित है...हाथ भी थामने की इजाज़त नहीं।

उसका नाम गुलवाशा यूँ ही नहीं था, फूलों के मौसम में हुई थी वह, इसी उल्लास भरी वादी में गुलवाशा को अपनी उम्र तक नहीं पता थी, कोई पूछता तो वह कहती ''शायद सतरा-या अठरा'' मगर ज़िन्दगी को उसने जड़ों से फुनगियों तक खूब पहचान लिया था। मरने से पहले वह बताती थी, ''तुम तो बच्ची थीं

गोद की, सच पूछो तो हुलसता है मन जब हवेली में अपने अब्बू और उनके भाइयों, अम्मी और चाचियों और ढेर सारे भाई-बहनों के साथ बिताए बचपन की याद का पिटारा खोलती हूँ तो, मन कहता है, ज़रा सहेज कर। यादें पुरानी, काली-सफ़ेद फ़ोटुओं की तरह होती हैं नाज़ुक-भुरभुरी, धुँधली! हाय! वो दावतें और संगीत की महफ़िलें, मोहब्बत और दर्द के गीतों की तड़प, खिले-खिले चेहरे, जंगली फूलों के इत्र और लोबानों की महक।

अब्बू जब जवान हुआ करते थे, बहुत रंगीन टोपी पहनते थे, और लम्बा फालसई कढ़ा हुआ लाबादा पहनते और कान में सोने की मुरकियाँ। क्या तो रबाब बजाते और क्या दिलरुबा...सुर उनके दास।

माँ से पूछना कभी, अब्बा के लिए घर-बाहर की कितनी औरतों से लड़ी थीं वो, उनकी उमर बढ़ती जाती मगर अब्बू की दीवानियाँ कम न होतीं। हर उम्र की...वो चीखतीं "ऐसा क्या है तुममें?" अब्बू मुस्काते तो वह मन मसोस कर चुप रह जातीं। घर भर की औरतें, उनका स्वभाव जान उन्हें चिढ़ातीं। कोई चची कहती, "आप पर उम्र कभी असर करेगी? या फिर पिछले साल मिस्त्र से ममियों को लगाने वाला कोई लेप लेते आये हो।" कोई पड़ोसन छूकर बात कर लेती, "उमराव, कल हमारी महफ़िल में आकर दिलरुबा बजा जाइए, किसी रसूख़दार की बेटी की मँगनी है।"

"सच्ची गुलवाशा?"

"अह! मत पूछ कि उजड़ ही गया उस दिन चाचा-चाचियों, बुआओं से भरा घर, और एक दिन जब हम सब सोकर उठे तो दोनों चाचा अपने परिवार समेत ज़रूरत भर का सामान ट्रक में लाद चुके थे। भाई-बहन...सर झुकाए अपनी निशानियाँ हमारी मुट्ठियों में थमा रहे थे, बहती आँखों को छिपाते हुए। सब जानते थे, लौटना मुश्किल है मैदानों से।"

3

एक घड़ी वह भी तो आनी थी हम तीन बहनों के जीते-जी। अब्बू को एक बार मजबूरन एक बहुत करीबी के घर महफ़िल रखनी पड़ गई, सादगी भरे नाच और रबाब की कुछ बंदिशों और अब्बू के गीतों के साथ वह महफ़िल तो निपट गई, मगर उस महफ़िल में कुछ बातों पर गौर किया गया। हालात से निपटने और ईंट

का जवाब न सही भाटे से मगर विरोध से देने का फ़ैसला हुआ।

तीन रोज़ बाद ही, एक रात हवेली के नीचे बड़े गेट के बाहर कुछ नारे गूँजे और कुछ विरोध की भी आवाज़ें उठीं, आकाश का मुँह किये कुछ बन्दूकें गरजीं। तब हम बहनें नीचे भागीं। अब्बू को कुछ लोग एक ट्रॉली में बिठाए लिए जा रहे थे—इस बेदर्द और विश्वास से खाली वाक्य के साथ—"कुछ दिन बाद लौट आएगा..." अम्मी अपने सीने को हाथ से मार-मार कर ज़ख्मी किए दे रही थीं और अब्बू सिर झुकाए बैठे थे, उन्होंने हम तीनों को आँखों में ऐसी तमाम दुआएँ भर कर देखा कि...मुझे एक पल को धड़का हुआ कि क्या ये अलविदा है?

अब्बू के रहते अम्मी खानदान-रिश्तेदारी में भले नाचीं, मगर नाच को पेशा नहीं किया, जब साल बीत चला और अब्बू नहीं लौटे तो, गुलवाशा और लुबना प्राइवेट वेडिंग पार्टियों में नाचने लगीं। अब्बू के एक दोस्त ने भाई की तरह माँ को सहारा दिया...वो सारंगी बजाते थे, उनके भाई वॉयलिन। गुलवाशा ने उनका साथ कर लिया।

मुझे याद है एक बार एक आदमी, अपने अंग्रेज़ दोस्तों को लाया था एक शादी में...'जेनीफर लोपेज़'...गुलवाशा को देख के चहका था। जब वो नाची तो अंग्रेज़ के होश गुम, उसका साथी घायल। उस अंग्रेज़ की बीवी पूछ बैठी "आप क्या करते हो जो इतने लचीले और पतले हो? क्या डायटिंग करते हो?" जब डायटिंग का मतलब अम्मी को समझ आया तो वो खूब हँसीं, उन दिनों खाने को तो पूरा होता नहीं था पूरे कुनबे को, तो वो हँसती नहीं तो क्या करतीं? वादी में खाना सोने के मोल बिक रहा था। इंतहा जो न कराए...एक रात अब्बू के दोस्त और उनके भाई हम चार औरतों को सोता छोड़ निकल गए। तब गुलवाशा उम्मीद से थी...

4

और अब कोई उम्मीद नहीं बाकी...

एक दिन यूँ हुआ 'एफ.एम' पर तीन चोरी से नाच देखने वालों और दो साज़िन्दों को सरेशाम चौक में कोड़े मारने का ऐलान हुआ और शहर के सब

वाशिन्दों को तमाशा देखने बुलाया गया।

उस तारीख को आधी रात बरबाद और टूटी हवेली का 'ख़ारा कुआँ' गूँज गया और एक जामुनी किरण पानी में से निकली और अँधेरे में लहर बनाती सारी हवेली में फैल गयी, जैसे किसी ने रात में आतिशबाज़ी चलायी हो। चमकते हुए पानी पे एक अक्स औंधा तैर रहा था।

'गुलवाशा!'

शोरे शुदबाजखुबाबे अदम चश्म कुशुदेम,

दी देम के बाकीस्त शबे फितना गुनुदेम।

(दुनिया के शोर ने मुझे जन्नत के ख़्वाब से जगा दिया और मैं इस दुनिया में आ गया लेकिन यहाँ का हंगामा देखकर मैंने फिर आँखें बन्द कर लीं और मौत की पनाह ली)।

अब भी लुबना कहती है—"मेरा दिल कहता है कि बेहतर समय आएगा और मैं उम्मीद करती हूँ कि तब तक मैं तो जीवित रहूँगी।"

काश, लुबना का कहा सच हो, मुझे याद है वो पुराने दिन जब हमारे गाँव बहुत से रिश्तेदार आते थे गर्मियों में। वादी के मौसम का लुत्फ़ लेते और लौट जाते। संगीत गली की नर्तकियों का नाच देखते और मगन होते...गुनगुनाते लौटते...आज एक सपना देखा, एक बहुत बड़ी पतंग, बैंगनी और पीली, ऊँची उड़ती-उड़ती कट गई। उसकी डोर धूप में झिलमिला रही थी, वह गिरी मुँडेर से आँगन में, आँगन से...मैंने हाथ बढ़ाया मगर हाथ में से निकलती चली गयी। लुबना!

उस रात उसने नाच का रियाज़ नहीं किया, और उस रात मैंने सब्र किया...उसी रात अम्मी की धाय जिसे अम्मी और बाकि हम सब भी 'मामा फ़िरदौस' कहते आए थे, अचानक दिल के दौरे से चल बसी थी।

ग़ज़ाला की स्कूल की कॉपी एक दिन अम्मी ने चूल्हे में जला दी, अब बच रहे कुछ अक्स, ज़हन में बनते बिगड़ते।

अक्टूबर की एक ठण्डी, अँधेरी, रुआँसा गली। कभी यहाँ हमेशा बत्तियाँ जगमगाती रहती थीं और हर घर से संगीत सुनाई देता था, लेकिन पिछले कुछ

दिनों से यह अंधेरे में है और बिलकुल ठप्प पड़ी है। इस पतली गली में बने एक संकरे से घर का ज़ंग लगा लोहे का दरवाज़ा कोई लगातार खटखटा रहा है।

''कौन है?''

''मैं हूँ...हमारे यहाँ शादी है।''

''ऐसे मुश्किल वक्त में शादी! कौन दीवाना हुआ है।'' अम्मी की अधेड़ आवाज़ खरखराई।

''अरे नजूमियों के हिसाब से शादी के लिए यही वक्त सही है...।''

'' तो बोर्ड देखो न..।''

''कौन-सा?''

''दरवाज़े के बगल में..।'' अन्दर की आवाज़ कराहने लगी।

गेट के बाईं तरफ़ एक बोर्ड लगा है। आगंतुक हकबकाया-सा बोर्ड पढ़ता है—''आज से नाचना-गाना बंद...30 सितम्बर...।''

''ऐसा क्यों? अचानक...अभी तो गुलवाशा नाची थी। हमारे मोहल्ले की शादी में।'' गरदन और हाथ एक साथ हिलाता है...

''गुलवाशा? उसे गुज़रे तो महीना हुआ।'' एक पड़ोसी आगंतुक के पास आता है और बताता है।

''अच्छा! फिर महीना दो महीना ही हुआ होगा, उस बात को भी...जब गुलवाशा आई थी मोहल्ले में...कोई और घर नहीं है जहाँ कोई और हो... जो हमारी शादी में रौनक कर दे, हमारी भतीजी का होने वाला दूल्हा लन्दन का है और उसने ही डिमांड रखी है कि वो रक्स घाटी की महफ़िल देखना चाहेगा...।''

पड़ोसी बताता है, इस गली में अंदर रहने वाली लड़कियों को कुछ विद्रोहियों का पत्र मिला था, जिसमें उन्हें धमकी दी गई है कि अगर वे चाहती हैं कि उनका घर न जलाया जाए तो वे नाचना-गाना बंद कर दें। आजकल संगीत गली सुनसान है, गली के आस-पास के लोग बताते हैं कि सबसे ज़्यादा क़हर यहीं बरसा है, दर्जनों परिवार दूसरे शहरों में जा बसे लेकिन जिनके पास जीने का दूसरा कोई विकल्प न था, वे यहीं रह गए हैं।

आगंतुक ने देखा कि गली में कई पोस्टर चिपके हैं, नर्तकियों और गायकों को संबोधित, यह वाहियात पेशा छोड़ देने की धमकी भरे शब्दों के साथ। नहीं मानने पर बम-हमलों का सामना करने की बात भी लिखी थी। मैदान, घाटी में हर कोई जानता है, इस इलाके और इस गली को। यह गली अपनी गोरी-ख़ूबसूरत नृत्यांगनाओं और बहुत ही सुरीले वादकों और गायकों के लिए बहुत प्रसिद्ध है, आस-पास के मैदानी शहरों, कस्बों में शादी या अन्य निजी पार्टियों में इनकी महफ़िलों की बहुत माँग रहती है।

आगंतुक काँप गया। उसने पूछा कि "हुआ क्या था आखिर?"

"इन्हीं बरसातों के बाद ही तो सामने वाले दरवाज़े से गुलवाशा और उसके शौहर को खींच कर निकाला था। ऐन इबादतगाह के सामने चौक पर दोनों को कोड़ों से पीटा गया था। शौहर अगले दिन अपने भाई के साथ गुल हो गया और गुलवाशा अपनी पुरानी हवेली के ख़ारे कुएँ में कूद गई।"

स्कूल-अस्पतालों के ध्वस्त होने के बाद, चौराहों पर कई-कई मौतों और कोड़ों की मार के बाद, 'संगीत गली' की जगह आजकल 'खरासियों की गली' की अचानक बहुत पूछ हो गई। वैसे इस गली में तरह-तरह के लोग बसते थे। सामूहिक पलायन के चलते गधा गाड़ियों और खच्चर गाड़ियों और मिनी ट्रकों की यह सराय बन गई थी। शाम के समय कोई-न कोई परिवार इस गली में अपना घर-गृहस्थी का सारा सामान ढुलवाता ज़रूर मिल जाता था।

सुहैल सामान खच्चर पर लदवाए गली की चढ़ान में ऊपर की तरफ़ बढ़ा। आगे एक छोटे खुले अहाते में एक लकड़ी का मोटा लट्ठा पड़ा था। वह उस पर से कूद कर एक संकरे दरवाज़े को धकेलता हुआ संगीत गली की संकरी हवेली के पिछवाड़े नौकरों की रिहाइश वाली एक कोठरी में घुसा...अन्दर अँधेरा था, वह अँधेरे से कुछ पूछ कर प्रतीक्षा में शांत हो गया।

"माफ़ करें, ऐसा होना था, और हममें से कोई कुछ न कर सका। अब कारवाँ बढ़ा लेने के सिवा चारा ही क्या?"

भीतर के कमरे में किसी की बूढ़ी सिसकियों से घर की अँधेरे से ढकी दीवारें थरथराती रहीं। मगर दो जवान जिस्मों की परछाइयाँ थीं, एक चूल्हे की

तरफ़ झुकी उससे बतियाती और दूसरी जो अँधेरे को ओढ़ कर कोने में अवसन्न बैठी थी। उसकी तरफ़ से कोई संकेत न था कि उसने कुछ सुना भी या नहीं। सुहैल को पता था कि उसने उसे सुन लिया है। उसका मन उसके लिए भी दया से भर गया।

वह आहिस्ता से सरकता हुआ कोने में बने और लगभग बुझने को तैयार चूल्हे के पास गया। चीड़ की लकड़ी का एक सूखा टुकड़ा डाल कर फूँकने लगा। अंगारे धधकने लगे और स्फुलिंग उड़ने लगे, आग जली और कमरा उजास और गरमाहट से भर गया।

''लुबना, तुम इस वाहियात शहर से बाहर मैदान में क्यों नहीं चली गईं? उन दूसरी नाचने वाली लड़कियों की तरह? तुम तो बहुत-बहुत बेहतर थीं उनसे।'' बहुत ही बेतुका सवाल था, दोनों जानती थीं।

''मगर तुमने भी तो वादा किया था...।'' वो पीली और दुबली हो गई थी, मगर अब भी उसकी आवाज़ मीठी और नखरा बचकाना था।

सुहैल ने पहली बार गौर किया कि दीवार से जो छाया सटी खड़ी थी, वह ग़ज़ाला थी। उसके गंदुमी चेहरे पर चूल्हे की आग हिलती-डुलती छाया और प्रकाश का खेल खेल रही थी। वह थोड़ी चिढ़ी हुई सी लगी, और यह चिढ़ गुस्से की थी या नफ़रत की इसका वह अन्दाज़ लगाता रहा।

''सुनो ग़ज़ाला, चाहो तो तुम भी निकल सकती हो, मेरे साथ ही रह सकती हो, अगर तुम मुझसे नफ़रत नहीं करती तो।''

ग़ज़ाला होंठ चबाती रही।

''देखो, जिस भी कारण तुम मुझसे नाराज़ हो तो...कोई बात नहीं, न सही मैं...शहर चली चलोगी तो वहाँ इतने सारे पढ़े-लिखे मर्दों में से कोई तुम्हें नाचते देख, फिदा होगा ही। और तुमसे शादी कर लेगा। तुम्हारी किस्मत बदल जाएगी...।''

''मुझे नहीं जाना तुम्हारे साथ और न ही किसी शहरी मर्द की मेहर चाहिए।'' लुबना ने राहत महसूस की। सुहैल ने भी कि आखिरकार इसने बात तो की।

''तुम जानती हो, मुझे भी दो-दो औरतों की दरकार नहीं। जानती हो न!''

उसने कोई उत्तर नहीं दिया।

''तुम तो जानती हो लुबना, जानती हो न?''

''हाँ..।'' लुबना ने मिमिया कर कहा।

''मेरी ग़लती नहीं थी। बिना पैसा बनाए मैं अच्छा शौहर कैसे बन सकता था। इसीलिए उनसे जा मिला...अब तुम्हारे साथ हूँ फिर से।''

''हमारा ही क्या गुनाह था, तुम गुलवाशा और उसके शौहर को फँसा कर चले गए थे।''

ग़ज़ाला चीखी।

''यह झूठ है, मैंने ऐसा कुछ भी नहीं किया।''

''हाँ-हाँ, जो हुआ सो हुआ, पर मुझे अब कुछ गिला नहीं रहा...।'' लुबना ने बात टाल कर, एक लकड़ी का टुकड़ा चूल्हे में सरका दिया, और उसे कुछ खाने को दिया, मुरब्बे में फफूँद की महक थी और रोटी जली हुई थी। डर, गरीबी और भूख ने बाहर-भीतर सब ध्वस्त कर दिया था, उसने पहला गस्सा तोड़ा और निगल लिया...

''दो साल बहुत होते हैं। हमने इंतज़ार किया बेहतर वक्त का। मगर वह नहीं आएगा, हमें एक मौका और दे रहा है खुदा। चली चलो। सब जवान लोग यहाँ से जा रहे हैं।''

लुबना पीछे के कमरे की तरफ़ लपकी, जहाँ अम्मी कराह रही थीं।

''पागल हो? पीछे मुड़ कर मत देखो!'' उसने लुबना को और ग़ज़ाला को खबरदार किया।

''क्यों?''

''उधर एक बूढ़ी जादूगरनी रहती है, उसके पास एक आईना है। जिसे वह आईना दिखाती है, वह यहीं रुक जाता है।'' सुहैल हँसा, अपने मज़ाक पर और लुबना काँप गई। उसने भीतर की दीवारों के पार एक बुढ़िया को राख के ढेर में बदलते देखा...मगर ग़ज़ाला ने पीछे मुड़ कर देख लिया, और अम्मी के पास रुक गई। लुबना ने पीछे मुड़कर नहीं देखा और वह शहर चली गयी।

ग़ज़ाला ने एक ख़त लुबना को लिखा, लेकिन वह ख़त बिना पते के कहीं न पहुँच सका।

हम सब जो रह गए थे, किसी-न-किसी तरह चुपचाप कमाने लगे। मैं कम्प्यूटर सीखने लगी हूँ, एक खाली बैठे पढ़े-लिखे टीचर से। हम दोनों कभी-कभी मोहल्ले के बच्चों को एक-एक-दो-दो करके पढ़ाते हैं। अपने मोहल्ले के बगल वाले इलाके में कल रात से फ़ायरिंग हो रही है। मैं और मेरे जैसे और लड़के-लड़कियाँ दर्द से लदे हैं, पीठ दुख गई है झुके-झुके। विस्फ़ोट से हवेली की बची-खुची दीवारें धसक गईं, छत सड़क पर आ लेटी है। वजह इस फ़ायरिंग की गोलियों के शोर में हम अपने गीत भूल गए हैं, रबाब की धुनें और ताल भूल गए हैं। इस गाँव के मर्द जो रबाब बजा कर अपनी बहनों को नाचता देख खुश होते थे, वे गुनगुनाने पर ऐसे घूरते हैं जैसे वे कोई गुनाह कर रही हों।

अम्मा पगलाई-सी छाती धुनती हैं, जब लोगों को अपने खच्चरों पर सामान लादे, बिना मुड़े जाते हुए देखती हैं। वह चाहती हैं कि मैं किसी भले, अमीर अधेड़ आदमी से शादी कर लूँ, लड़कियों को किताब पढ़ाना और खुद कंप्यूटर पढ़ना बन्द कर दूँ?''

''क्या तुम अब भी मानोगी इस कानून को? जो ईश्वर के नाम पर हर धर्म में औरतों के लिए अलग से बनाया जाता रहा है?'' मेरा कम्प्यूटर टीचर मुझसे पूछता है।

''हाँ क्यों नहीं, मेरा भी एतकाद है, ख़ुदा में और उसके बनाए कानून में, अम्मी और गुलवाशा की तरह ही, लेकिन क्या करूँ कि पिछले कई दिनों से मेरे कान रोते बच्चों और माँओं की कराहों को सुन रहे हैं। मैं अपने घर, तबके और आने वाले वक्त में अमन और इंसानियत की पूरी तबाही देख पा रही हूँ।''

''तुमने कभी सोचा है? स्कूल जाती लड़कियों को कोई कैसे जला सकता है? नाचना-गाना धर्म के खिलाफ़ कैसे हो सकता है?'' वह फिर पूछता है।

''मैं क्या जवाब दूँ? औरतों और बच्चियों को फुसफुसा कर पढ़ाते हुए मैं थक गई हूँ...उन्हें क्या-क्या नहीं समझाती, यह मज़हबी कानून और इसका सही मतलब। मगर सुनने वालियों के कान बहरे हैं और आँखें उजाड़, ज़बानें उमेठ दी गई हैं...मेरी हिम्मत टूट रही है अब।''

''फिर भी मुझे थोड़ी उम्मीद है—क्या तुम्हें है? एक दिन ये कान देखेंगे और आँखें सुनेंगी। ज़बानों की उठनें खुल जाएँगी।'' कहते हुए, कभी-कभी

मेरा टीचर अपनी बैसाखी खिड़की से टिका कर, मुझे थाम कर मेरा माथा चूमता है। उस रात मैं सपना देखती हूँ, न केवल हम तीनों बहनों के होंठ, न केवल संगीत गली की हर लड़की बल्कि रक्स की घाटी की हर औरत के होंठ बैंगनी से फिर गुलाबी हो गए हैं और सेब के पेड़ों के बीच, हरे कच पत्तों में झुण्ड-के झुण्ड अब्बा की कोई रोमांटिक बंदिश गुनगुना रहे हैं। टहनियाँ रबाब की तरह बज रही हैं।

❑❑❑